Ulrich Magin

# Pfälzer Mysterien

Foto: © Susanne Noll

Der Journalist Ulrich Magin, geboren 1962 in Ludwigshafen am Rhein, schreibt hauptsächlich über die kuriosen Aspekte der Kulturgeschichte.
Neben Begegnungen mit Außerirdischen und Seeungeheuern interessiert ihn vor allem die Geschichte der (Kur-)Pfalz und ihrer Umgebung, dazu hat er mehrere Bücher und Artikel veröffentlicht.

***Widmung***

*Für meine Eltern, die mit mir jeden Sonntag einen anderen Ort der Pfalz erkundet haben, und Susanne, meine zweite Heimat.*

AGIRO

Steffen Boiselle & Clemens Ellert
Sauterstr. 36, 67433 Neustadt a. d. Weinstraße
Fon: 06321 - 489343, Fax: 06321 - 489345
Mail: info@agiro.de

3. Auflage

Satz & Layout: Jennifer Ehrismann-Purper
Umschlag: Michael Beck
Umschlag-Fotos: Peter Kauert
ISBN: 978-3-946587-10-1

Weitere Informationen unter:
**www.agiro.de**

# Inhalt



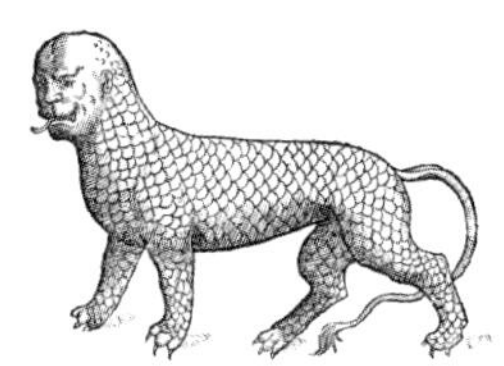

Band 4
ROMANTRUHE
Neuer Roman
Christoph Schwarz
Detektiv des Übersinnlichen
Grusel-Roman von G. Arentzen
Horror am Teufelstisch
Selbst die liebreizende Pfalz bietet Stoff
für einen Grusel-Roman

# Vorwort

Ein schreiender Stein in Zweibrücken? Störche, die in Oggersheim Gericht halten? Spuk und Poltergeister in Speyer? Das Blutwunder von Rodalben, ein Seehund bei Wörth und eine gläserne, glitzernde Stadt im Himmel über Iggelbach? Kornkreise um Landau und ein Regen von Kröten nahe Worms?
In diesem Buch finden Sie unheimliche, unerklärliche, unglaubliche oder einfach auch nur seltsame und unfassbare Ereignisse aus der Pfalz, das Zeug, aus dem man Mythen und Sagen macht. Allerdings: Alle Geschichten in diesem Buch wurden als wahr gemeldet, mit dem Datum und dem Ort der merkwürdigen Ereignisse und oft auch mit dem Namen des oder der Augenzeugen. Ob all das, was auf den folgenden Seiten steht, tatsächlich wahr ist …? Zumindest wurde vieles davon irgendwann einmal tatsächlich geglaubt.

Nichts davon muss stimmen, so manches wurde sicherlich in trügerischer Absicht frei erfunden, aber wer will schon sagen, wo die Grenze zwischen Fantasie und Wirklichkeit, zwischen Einbildung und Realität verläuft?
Die Augenzeugenberichte sind – die Rechtschreibung ist immer die des Originals – nach den Landkreisen und grob chronologisch, manchmal thematisch, sortiert.

Und sie zeigen, dass die aufregenden Geschichten nicht immer in der Fremde geschehen, sondern dass sie sich auch direkt vor unserer Haustür ereignet haben und nach wie vor ereignen.

Auf einen wissenschaftlichen Apparat wurde verzichtet, aber jede Information ist mit einer Quellenangabe versehen.

**Ein herzlicher Dank** geht an (in alphabetischer Reihenfolge):

- Gerhard Blumer vom Freundeskreis des Landauer Tiergartens
- Klaus Hofter von der *Rheinpfalz*
- Joachim Hüther
- Alfons Magin
- Ha-We Peiniger von der Gesellschaft zur Erforschung des UFO-Phänomens (GEP) e.V. für die Bereitstellung von UFO-Fotos
- Dr. Frank Wieland, Leiter der Abteilung Zoologie im Pfalzmuseum für Naturkunde – Pollichia Museum, Bad Dürkheim

# Pfalz allgemein

## *Pfälzer Werwölfe*

Das Folgende ist wahrlich nichts für schwache Nerven. Am 2. September 1663 trug der Naturphilosoph Sir Kenelm Digby der Londoner Wissenschaftsvereinigung „Royal Society" einen Brief über Werwölfe aus der Pfalz vor:

„… ein Brief … über einige Kinder, die dort von Untieren davongetragen worden waren, die Wölfen ähnelten, die aber in einer solch eigentümlichen Art und Weise getötet worden waren, dass die dortigen Leute daraus schließen mussten, dass es keine Wölfe, sondern *lycanthropi* [Werwölfe] waren, denn sie sahen, dass von den Körpern dieser Kinder nichts gefressen worden war außer den Köpfen, Armen und Beinen, die von den Körpern getrennt worden waren, die Schädel waren aufgebrochen und die Hirne herausgenommen und über die Kadaver verteilt, und die Herzen und Eingeweide, in eben derselben Art und Weise, herausgezogen, aber nicht gefressen worden. Die Royal Society zog den Schluss, dass diese Tatsachen erst gut bezeugt werden sollten, bevor man ein Urteil darüber fälle."

(Thomas Birch: *The History of the Royal Society of London for Improving of Natural Knowledge from Its First Rise, in which the Most Considerable of Those Papers Communicated to the Society, which Have Hitherto Not Been Published, are Inserted as a Supplement to the Philosophical Transactions*, Band 1. London: A. Millar in the Strand 1756, S. 300)

Regionales Untier:
der „Rebenwolf"

## *Blutregen über der Rheinpfalz?*

Früher fürchteten sich die Menschen vor Himmelszeichen und seltsamen Regenfällen, denn sie zeigten Kriege, Hungersnöte und Missernten an. Im 19. Jahrhundert traten dann die Volksaufklärer auf, die für jedes vermeintlich übernatürliche Phänomen eine rationale Erklärung hatten – selbst wenn die an den Haaren herbeigezogen war.

So wollte ein Zoologe und Experte für Schädlingsbekämpfung noch 1935 beweisen, dass „Blutregen" ein Resultat von Raupenplagen sei (heute hält man ihn für Fälle von Sahara-Sand), insbesondere beim massenhaften Auftreten des Baumweißlings:

„Die frisch aus der Puppe hervorkriechenden Falter lassen nämlich beim Abfliegen einen blutroten Tropfen fallen, der bei Massenflügen aus der Luft herabregnet und vom Volk als ‚Blutregen' gefürchtet wurde. […] STELLWAAG berichtet darüber 1924: ‚Mit den Jahren 1917/18 setzte in der Bayerischen Rheinpfalz eine Übervermehrung der Baumweißlinge von ungestümer Stärke ein und hielt nahezu 4 Jahre an. Weitere Strecken wertvoller Obstanlagen wurden durch Kahlfraß schwer geschädigt.' Ich habe mich selbst davon überzeugt, wie er auch in anderen Gegenden der Rheinebene gehaust hat. In der Bergstraße (Auerbach) war stellenweise totaler Kahlfraß der Pflaumenbäume eingetreten; wie im Winter ragten die entlaubten Äste in die Luft und als einzige ‚Früchte' sah man an den Bäumen die in der Sonne glänzenden Seidennester halbverhungerter Gespinstmotten."

Kam es aber zu Berichten von Blutregen? Das verschweigt der Gelehrte, weist jedoch darauf hin, es käme sicher wieder zu Blutregen, wenn sich die Raupen noch mehr vermehrten!

„Wer sich für diese Frage interessiert, der möge sich das Bild ansehen, das, einer Abhandlung von Lehmann entlehnt, in der […]

Hörspiel aus den 80ern zum Thema „Blutregen"

Zeitschrift […] abgedruckt ist. Auf einer einzigen Ampferpflanze zähle ich da über 50 Baumweißlinge, so viele, daß das ganze Büschchen weiß überdeckt ist; teils sind sie dort geboren, teils zu Besuch, und es wird dem Beschauer einleuchten, daß, wenn diese sich alle erheben, allerdings ein ‚Blutregen' eintreten könnte!"

(*Entomologische Rundschau,* 1935, S. 179–182)

# Frankenthal

## *Der Wunderbaum von Mörsch*

Heute finden ganz besondere Gelehrte Pyramiden und Gesichter auf dem Mars, früher erkannte man den Namen Gottes oder sonderbare Gesichter in irdischen Steinen und Bäumen.

1625 wurde im Frankenthaler Stadtteil Mörsch ein Baum gefällt, der voller Bilder und Symbole war. „Aus dem abgehauenen Pyrbaumstrunk erwuchs ein Gebilde, welches auf dem Ratshause von Frankenthal abgeliefert wurde und dessen Auswüchse von vielen Herrschaften kommuniziert wurden." Eine Abbildung zeigt einen gegabelten Baumstamm, der Ast links streckt einen aufrechten

Mannesfinger in die Höhe, darunter sitzt ein „Delphinkopff" mit „Beerentatzen", ein „Roß-Fuß", der rechte Stamm endet in einem bekrönten Löwenkopf mit einem „Beeren-Arm", also eine Bärenpranke, der ein Schwert hält, und der Beitext erklärt, der Baum sei im Februar 1625 „in einem Dorff bey Franckenthal Marsch genanndt an einem baum also [genauso] auß der Erden gewachsen."

(Eugen Hollaender: *Wunder, Wundergeburt und Wundergestalt in Einblattdrucken des fünfzehnten bis achtzehnten Jahrhunderts.* Stuttgart: Ferdinand Enke 1921, S. 198; Abbildung S. 201)

## *Frankenthaler Hexen*

Auch in Frankenthal wurden Hexen oder angebliche Hexen verfolgt. Die Stadt gehörte bis 1682 zum Oberamt Neustadt, das damit auch bei Prozessen höhere Instanz blieb.

Die ersten Anzeichen des Hexenwahns schienen ins Leere gelaufen zu sein. Oft wollten sich die Gerichte nicht mit den Zänkereien der einfachen Leute beschäftigen, die zu Anzeigen wegen Hexerei führten. So beschuldigten 1601 Frankenthaler Kinder ihre Mutter, sie hätte sie mit einem Kuss verhext, und sie seien deshalb krank geworden. Von einem Prozess weiß man hier nichts. Anfang des 17. Jahrhunderts ging der Rat der Stadt zwar manchen Anschuldigungen nach, es kam aber nie zu Verurteilungen.

Die berühmteste Frankenthaler Hexe war Katharina oder Catharina Günther. Nachbarn beschuldigten sie der Hexerei, jeder in der Gegend wusste, dass sie eine Zauberin war. Sogar der Schultheiß konnte etwas beitragen: Seine Frau sei der Günther begegnet, als diese von einer Katze „gespenstergleich“ begleitet worden war.

Katharina Günther wurde wohl Ende 1605 verhaftet. Dennoch ging es bei dem darauffolgenden Prozess nicht nur um Hexerei, sondern auch um Vatermord, Diebstahl und Ver-

Der Hexenstein bei Wachenheim soll einer der Treffpunkte Pfälzer Hexen gewesen sein

führung einer Enkelin zur Teufelsbuhlschaft. Der Großteil der Delikte war also ganz irdisch, es handelte sich um auch heute noch abscheuliche Straftaten.
In Frankenthal fühlte man sich der Sache nicht gewachsen, man verwies die Günther an die nächsthöhere Instanz, das Oberamt Neustadt. Dort wurde die Frau vermutlich „peinlich befragt", also gefoltert – ein damals ganz normales Vorgehen, so schrecklich das heute klingt. Verurteilt werden konnte man nur, wenn man die unter Folter erzwungenen Geständnisse später freiwillig wiederholte, es durfte jeder Verdächtige nur maximal drei Mal gefoltert werden. Das freilich konnte genügen, um ein Opfer alles und jedes Delikt gestehen zu lassen.
Auch in Neustadt war man sich nicht sicher und forderte ein Gutachten der juristischen Fakultät der Universität Heidelberg an. Die Richter mahnten noch am 12. März 1606 zur größtmöglichen Vorsicht. Der Fall der Frau wurde dann am 14. März 1606 auf einem allgemeinen Gerichtstag behandelt, die Unterlagen mit dem Protokoll sind leider verschollen. Im Oktober 1606 wurde die Frau hingerichtet – ob nun des Vatermordes überführt oder als Hexe, weiß man aufgrund der fehlenden Unterlagen nicht mehr.
Das Mädchen, das sie zur Teufelsbuhlschaft verführt hatte (also zum Geschlechtsverkehr mit dem Teufel, dem Akt, bei der die Hexe ihre Seele dem Satan verschrieb), wurde im Juni 1606 vom Teufel befreit: „Das Gebet schmerze ihn sehr, gab er zu bekennen, er fahre nun aus dem Kind aus, um die Großmutter aus dem Gefängnis zu holen, wie er dies schon oft getan. Dann ist er mit Rauch aus des Mädchens Mundt ausgefahren."
Der Teufel mag zwar aus der Enkelin gefahren sein, ihrer Großmutter aber half er entgegen seiner Versprechungen nicht, sie musste sterben. Auch das ist bei den Unterlagen zu den Hexenprozessen oft zu lesen: Der Teufel verspricht viel, aber er hält nichts ein.

(Helmut Seebach: *Sagen in der Pfalz: Geister, Hexen, Teufel; ein Beitrag zur Volkskunde der Pfalz (mit 200 unveröffentlichten Sagen).*

Bachstelz-Verlag 1996, S. 99; Jürgen Michael Schmidt: *Glaube und Skepsis: die Kurpfalz und die abendländische Hexenverfolgung 1446–1685*. Verlag für Regionalgeschichte 2000, S. 251)

## *Religiöser Wahn in Frankenthal?*

Manchmal finden sich in alten Zeitungsausschnitten Hinweise auf etwas Rätselhaftes, und dabei bleibt es. Eine Meldung aus dem Januar 1836 über einen irregeleiteten Mann aus dem fränkischen Erlangen, der Gott sein Kind als Opfer darbrachte, verweist auf eine ähnliche Epidemie religiösen Wahns in der Pfalz – und belässt es dabei. Ich konnte leider nicht viel mehr dazu finden:

„Die ‚neue Speyerer Zeitung' sagt: Die ‚Würzburger Ztg.' [hat] nach Originalnachrichten […] von einem Fabrikarbeiter aus Erlangen erzählt, der aus Religionsschwärmerei sein Kind gemeuchelmordet hat. Auch der ‚evangel. Lichtfreund', so wie mehrere andere öffentliche Blätter, erhielten darüber genaue und bestimmte Nachricht. Wer gesehen hat, wie der Mysticismus selbst in dem sonst so hellen Rheinbayern

mehr als einen Menschen in das Irrenhaus zu Frankenthal brachte (die amtlichen Akten müssen dieß beweisen), den konnte es am wenigsten Wunder nehmen, so etwas aus der Gegend von Erlangen zu erfahren, wo – allerdings neben sehr schätzbaren Lehrern der Vernunft, insbesondere ungeachtet der Bemühungen des sehr achtungswürdigen Wiener – die religiöse Schwärmerei sich längst sogar in der Art festgesetzt, daß man Studenten aus dem lächerlichen Grunde keine Tauben essen sah, weil der heil. Geist in dieser Gestalt erschienen sei."

(*Allgemeine Zeitung von und für Bayern: Tagsblatt für Politik, Literatur und Unterhaltung,* 30. Januar 1836, S. 2)

## *Froschregen bei Osthofen*

Ja, Osthofen liegt nördlich von Worms, aber Frosch- , Fisch- und Krötenregen sind ein so häufiges „unerklärtes Phänomen", dass

einfach einer mit ins Buch muss – und nahe genug an der Nordgrenze der Pfalz liegt Osthofen allemal.

Anfang Juli 1940 meldete die *Rheingönheimer Zeitung* einen „Froschregen bei Osthofen“: Es würden „Zehntausende von froschähnlichen Tieren auftreten, die in breiter Front auf einer Wanderung über Land angetroffen werden“.

Die populärwissenschaftliche Zeitschrift *Kosmos* griff das Thema noch im selben Jahr auf. Dort berichtete Oswald Rathmann, er habe folgenden Zeitungsbericht gelesen: „In Mühlheim bei Osthofen hat es Frösche geregnet. Zu Tausenden hüpfen sie auf den Straßen und Wiesen und Feldern umher. Wir können uns nicht entsinnen, jemals solches Schauspiel gesehen zu haben. Vielleicht ergreift einmal ein Naturforscher das Wort dazu und stellt fest, um was für Frösche es sich handelt und woher ihr massenweises Auftreten rühren mag.“

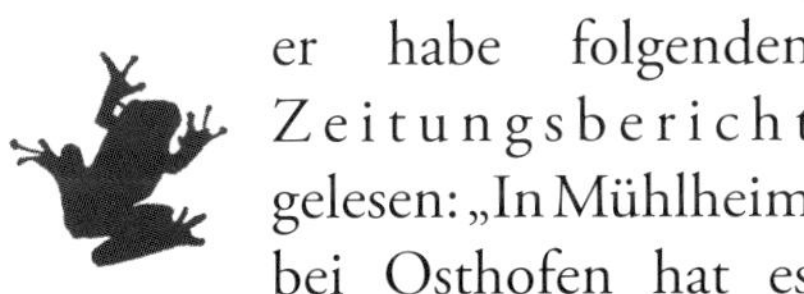

Der zoologisch interessierte Mann radelte augenblicklich an den Tatort: „Vorher fuhr ich bei der Schriftleitung der Zeitung vorbei und holte genauere Erkundigungen ein. Man erklärte mir, daß zwei Redaktionsmitglieder selbst draußen gewesen wären und die Frösche gesehen hätten. Ich möge nur bald darüber schreiben, da schon allerlei Vermutungen aufgekommen wären, und wirklich, ein zufällig anwesender Polizeibeamter fragte durchaus sachlich, ob nicht am Ende die Engländer diese Tiere aus Flugzeugen abgeworfen hätten, um unsere Ernte zu vernichten.“

Noch heute geht in manchen Regionen der Alpen und in Italien die Mär um, dass US-Amerikaner – aus sportlichen oder sonstigen finsteren Interessen – Giftschlangen aus Helikoptern auf Felder würfen.

„Betroffen von so viel Unkenntnis, machte ich mich auf die Suche. In der Tat traf ich's an, wie geschildert wurde. Hunderte und Aberhunderte kleiner Kreuzkröten und Wechselkröten wuselten umher. Ich fing mir je drei Stück ein und nahm sie mit ins Lazarett.“

## *Fortianische Erscheinungen*

Deutsche Biografie über Charles Fort (2001 Verlag, vergriffen)

Mit dem Phänomen des „Froschregens“ befasste sich auch der US-Amerikaner Charles Hoy Fort (1874 – 1932). Mehr als 25 Jahre durchforschte Fort pedantisch Bibliotheken und Archive nach Berichten über außergewöhnliche Phänomene in der ganzen Welt. Nach ihm nennt man im Englischen unheimliche Phänomene „fortianische Erscheinungen“, in seinem Heimatland wird der Autor von vielen prominenten Zeitgenossen verehrt. So hat z. B. Regisseur Paul Thomas Anderson 1999 im Kinostreifen „Magnolia“ (u. a. mit Tom Cruise) seinem Idol die Ehre erwiesen: In einer wichtigen Filmsequenz kommt es zu einem fulminanten Froschregen.

Das deutsche Filmplakat zu „Magnolia“

US-Magazin zu Charles Fort

FORT™

Prophet of the Unexplained

US-Comic zu
Charles Fort

PETER M.
LENKOV

FRAZER
IRVING

Es waren also Kröten, nicht Frösche, und als tapferer Zoologe

wollte Rathmann nur folgern, dass sie sich auf ihrer alljährlichen Wanderung befanden.

Ob das zutrifft oder ob sie wirklich herabgeregnet waren, das können nur eventuelle Augenzeugen der Ereignisse heute noch wissen.

(Oswald Rathmann: Unwissenheit! *Kosmos* 1940, S. 234; *Die Aquarien- und Terrarien-Zeitschrift*, Bände 4–5. 1951, S. 222)

## *Geisterflugzeug über Frankenthal*

Am 27. Januar 1988 sah Herr Friedemann Sch. mittags gegen 11.30 Uhr über der Heßheimer Straße ein Geisterflugzeug: „Es hatte riesige Flügel und erinnerte an ein Flugzeug aus dem 2. Weltkrieg. Es flog – oder besser, schwebte, denn es machte keinen Fluglärm – über den Häusern der Beindersheimer Straße und dreht dann sofort nach links ab, wobei es eine steile Kurve beschrieb.“ Der Himmel war klar und wolkenlos, das Geisterflugzeug verschwand in Richtung Flomersheim, und

„Geisterflugzeug“ Arvado AR 234 der deutschen Luftwaffe, das ab 1944 noch zum Einsatz kam. Aufgrund des Düsenantriebs war es zwar schnell, aber natürlich nicht leise

zwar in einer Schnelligkeit, die herkömmliche Flugzeuge erst gar nicht erreichten.

(*Die Rheinpfalz*, 29. Januar 1988)

## *UFOs über Frankenthal*

Am 26. Januar 1988 beobachtete ein Mädchen einen „flugzeugähnlichen Gegenstand“ über Studernheim, allerdings lautlos und dreimal so groß wie ein herkömmliches Flugzeug, er blinkte und stand still am Himmel.

(*CENAP-Report* 3/1988, Nr. 145, S. 24 f.)

Ein ganz ungewöhnliches Objekt sah ein Mann, der am 15. Juni 2012 auf der Autobahn A61 bei Frankenthal unterwegs war. Er beobachtete während der Fahrt ein trapezförmiges UFO am Himmel. Er stoppte auf dem Standstreifen und machte mehrere Aufnahmen des seltsamen Dings, bevor es sich langsam in nördlicher Richtung entfernte.

Eine Vergrößerung der Aufnahmen zeigte dann aber deutlich, dass es sich um das riesige Werbebanner einer Supermarktkette handelte, das ein Hubschrauber durch die Luft zog!

(*Jufof* Nr. 208, 4/2013, S. 105)

**Frankenthaler Rundschau**

### *Über Studerheim: Lautloses UFO?*

**Graue Himmelserscheinung**

**„Es war riesig, mindestens dreimal so groß wie ein normales Flugzeug. Es flog nicht hoch und schwebte von Frankenthal her in Richtung Studernheim, bevor es am Platz des Hundesportvereins schräg stehen blieb“, so beschrieb Christine Jung aus Frankenthal gestern ihre „unheimliche Begegnung der dritten Art“ vom Dienstag abend.**

Sie war um 18.30 Uhr mit dem Fahrrad in Richtung Studernheim unterwegs gewesen, als das unbekannte Flugobjekt aufgetaucht sei. Sie habe zunächst versucht, schnell nach Hause zu fahren, um einen Fotoapparat zu holen. Über der Brücke sei das UFO jedoch stehen geblieben, so habe sie Zeit gehabt, es genau anzusehen. Auch die beiden anderen Augenzeugen des Geschehens, ein etwa 13jähriger Junge und eine Frau, hätten beobachtet, daß das fremde Objekt blinkte und ganz leise schwebend am Himmel stand. Welche Farbe es hatte, habe man nicht genau feststellen können, „auf jeden Fall war es von dunkler Farbigkeit, entweder schwarz oder grau.“

Also eine Begegnung mit Wesen aus einer anderen Welt? Oder war es ein eher irdisches Flugobjekt, etwa ein Armeehubschrauber? Diesen hätte sie erkannt, so die UFO-Beobachterin, denn das blinkende, graue Ungetüm hätte keinerlei Fluglärm verursacht.

Sicher ist auf jeden Fall, daß das „Studernheimer UFO“ in Richtung Eppstein verschwand ... sum

# Ludwigshafen am Rhein

## *Ein Zug in der Luft über Ludwigshafen*

„Ludwigshafen, 19. Juni [1863]. Gestern Abend kurz nach Sonnenuntergang hat man hier eine interessante Luftspiegelung beobachtet. An einer lichten, von den letzten Strahlen der Abendsonne durchbrochenen Stelle des umwölkten nordwestlichen Horizonts spiegelte sich nämlich ein großer Eisenbahnzug ab, der raschen Fluges in der Luft einherzog und dabei mit solcher Klarheit hervortrat, daß man den Schatten des Dampfes über der Locomotive bemerken konnte. Erscheinungen dieser Art, wie sie südlichen Strichen eigen sind, werden in unserer Gegend seltener wahrgenommen. (Pf.Z.)“

(*Tag- und Anzeigenblatt für Kempten und das Allgäu*, 24. Juni 1863, S. 1241)

## *Das Hexengewitter 1665 in Oggersheim*

Hexen konnten, das glaubte man früher, das Vieh krank machen, sie trafen sich aber auch, um Unwetter zu verursachen, welche

die Ernte zerstörten. Von solch einem Unwetter erzählt eine Sage aus Oggersheim:

„Hexen-Gewitter. Bei Oggersheim währte einmal ein starkes Gewitter so lange, daß ein Jäger, welcher auf der Landstraße war, muthmaßte, es müßte durch Hexerei entstanden sein. Er lud demnach sein Gewehr mit einer geweihten Kugel und schoß mitten in die schwärzeste Wolke. Da fiel aus dieser ein nacktes Weibsbild todt zur Erde, worauf das Gewitter sich augenblicklich verzog."

(Bernhard Baader: *Volkssagen aus dem Lande Baden und den angrenzenden Gegenden*. Herder, 1851, S. 308; zitiert in Friedrich von der Leyen: *Deutsches Sagenbuch*. Band 4, 1910, S. 22; F. W. Hebel: *Pfälzisches Sagenbuch*. E. Crusius, 1912, S. 94; Arno Beurmann: *Es war einmal ein Jägersmann ...: Märchen, Sagen und Legenden vom Jäger und der Jagd*. Hamburg: P. Parey, 1966, S. 138; Helmut Seebach: *Pfälzisches Sagenlesebuch*. Bachstelz-Verlag 2003, S. 32)

Vielleicht, weil sie zeigen wollten, dass sie aufgeklärt waren und nicht an die Wirklichkeit von Hexen glaubten, haben mehrere Autoren die Geschichte später „vernünftig" überarbeitet. Nach

Victor Carl und Hedwig Laudien erschreckte der Schuss des Jägers eine alte Frau, die zufällig im Feld in der Nähe arbeitete – es war also gar keine Hexe, die aus den Wolken stürzte. Hedwig Laudien lässt die Ereignisse bei Ruchheim spielen, gibt aber auch an, dass sie sich „etwa ums Jahr 1665" zugetragen haben.

(Victor Carl: *Pfälzer Sagen*. Band III, Neustadt/Weinstraße: Pfälzer Verlagsanstalt 1976, S. 96 und Hedwig Laudien: *Geistergeschichten aus Ludwigshafen am Rhein*. Neustadt a.d. Weinstraße: Agiro 2015, S. 73)

VON DER ALTEN STRASSE ZUM GROSSEN TOR 2

# Woes geistert und raunt

# Sagen

aus dem Stadt- und Landkreis Ludwigshafen am Rhein

von Hedwig Laudien

Erstausgabe der Sagensammlung von der Ludwigshafener Autorin Hedwig Laudien, erschienen in den 1960ern im Arbogast Verlag

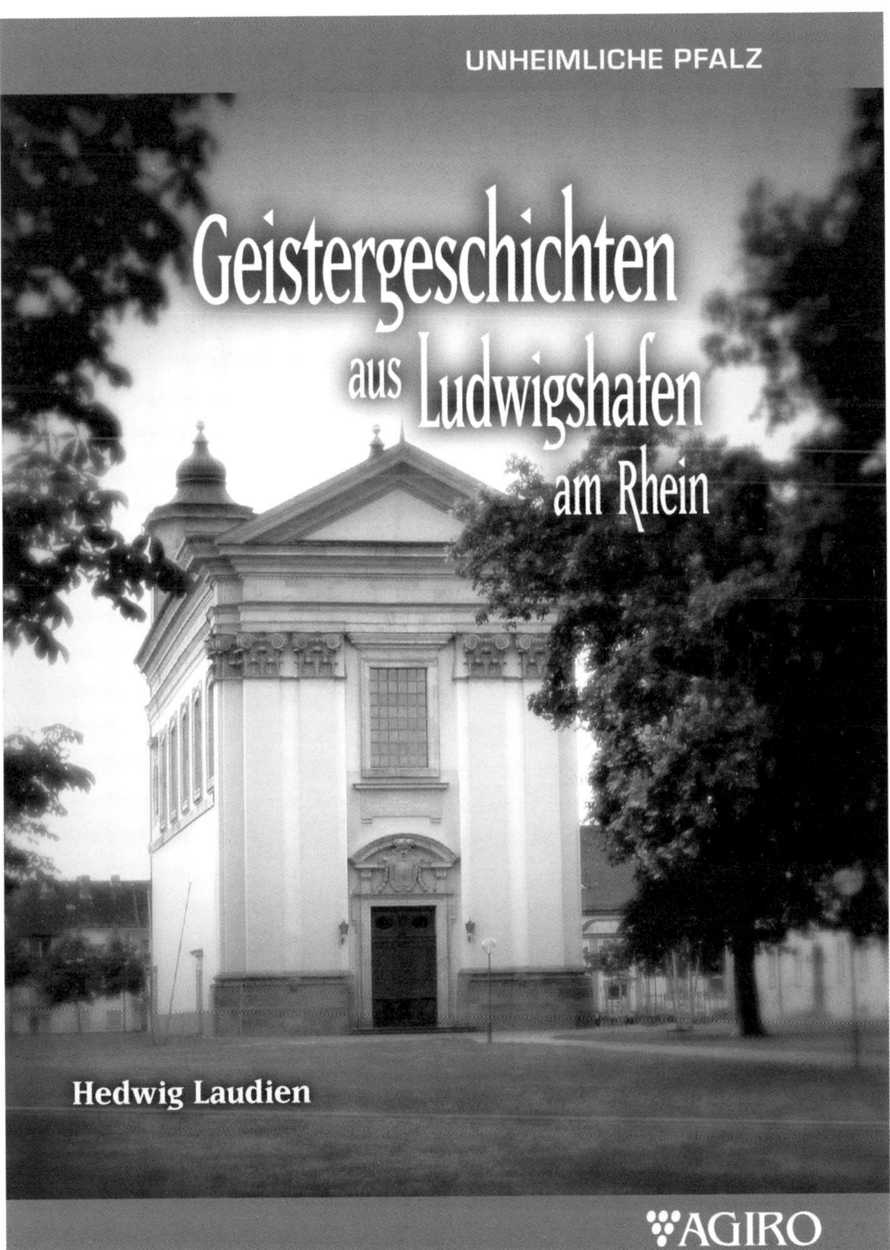


Neuauflage 2015 im AGIRO Verlag, ergänzt durch viele Fotos vom Ludwigshafener Fotograf Peter Kauert

## *Wunderheilung in Oggersheim*

Im Ludwigshafener Stadtteil Oggersheim steht die schöne Wallfahrtskirche Mariä Himmelfahrt mit der Nachbildung der Kapelle von Loreto, dem Hause Marias, das Engel aus dem Heiligen Land nach Italien getragen haben sollen, wie auch eine der wenigen und mysteriösen Schwarzen Madonnen Europas. Die fromme Kurfürstin Marie Elisabeth Auguste von Pfalz-Sulzbach (1721–1794) suchte die Kapelle oft auf, um dort zu beten. Ihr Gemahl Carl Theodor verfügte seiner Gattin zuliebe, dass jeder, der an Marienfeiertagen nach Oggersheim pilgerte, keinen Brückenzoll entrichten musste, wenn er nach Mannheim ging.

Loretokapelle, Innenansicht

Der Kurfürst erkrankte 1743 sehr schwer, und Elisabeth Auguste ließ in der Loretokapelle eine Novene (also eine neuntägige Andacht) abhalten. Auf wundersame Weise genas da der Kurfürst. Aus Dank für die Wunderheilung ließ der Fürst die Kapelle innen umbauen, es wurde eine neue Nische für das Gnadenbild geschaffen.

Ein zweites Mal erkrankte der Kurfürst anno 1774, eine Bittprozession ging zur Kapelle, und er genas ein weiteres Mal auf wunderbare Weise bereits, als die Prozession gerade auf dem Rückweg war:

„Im Jahr 1774 … sein Ihro kurfürstliche Durchlaucht Carl Theodor von einer gefährlichen Krankheit überfallen worden wo keine Hofnung ware, dieselbe beim Leben zu erhalten. Tief gebeugt vom Schmerz seiner treuen Unterthanen stellten eine Prozession in die Lauretanische Kapelle nach Oggersheim … kam die frohe Nachricht … daß die Krankheit sich geändert … und [er] außer Gefahr sein Leben zu verlieren gerettet" – so die Inschrift auf einer Votivtafel in der Kirche. Oggersheim war demnach so etwas wie ein frühes Lourdes!

(Ulrike und Joachim Glatz: *„… in einer steinernen Urkunde lesen": Geschichts- und Erinnerungsorte in Rheinland-Pfalz.* Nünnerich-Asmus Verlag & Media GmbH 2013)

## *Der Hüttenhammel*

„Noch vor wenigen Jahren zeigte sich im sogenannten Hüttengraben bei Oggersheim der Hüttenhammel. In den Neunzigerjahren [um 1790] hat dort ein Galgen gestanden, später sah man in der Mittagstunde zwischen 11 und 12 Uhr einen Hammel, welcher aufgescheucht dann in Menschengestalt wieder verschwand. Selbst die Pferde am Wagen schienen das oft zu verspüren. Diese Erscheinung sei das Gespenst eines unschuldig Gerichteten. Ein Ungläubiger, welcher dagegen gewettet, dem habe der Hammel sich auf den Mistkarren gesetzt, der erschreckte Mann sei bald darauf aber gestorben. – Auch zeigt sich dort bisweilen ein schwarzer Hund."

(*Bavaria, Landes- und Volkskunde des Königreichs Bayern bearb. von einem Kreise bayerischer Gelehrter*, 4. Band. J. G. Cotta'sche Buchhandlung: München 1867, S. 322)

Diese Sage soll sich – wohl Anfang des 20. Jahrhunderts – ein Räuber zunutze gemacht haben, wie 1940 Willy Mai schreibt: „Auch ein Bösewicht trieb sich um als Hüttenhammel bei Oggersheim, verprügelte die Leute und machte manchen netten Raub. Es gehen dann selbst wieder allerlei ‚Gespräche' um diesen Kerl um. Nach einem soll er fünf Jahre Zuchthaus bekommen haben, nach andern selbst tüchtig durchgeprügelt worden sein."

(Helmut Seebach: *Pfälzisches Sagenlesebuch: mit alten und weiteren 200 neuen Sagen.* Bachstelz-Verlag 2003, S. 13)

## *Bermuda-Dreieck Blies?*

Kann ein großes Flugzeug in einem relativ kleinen Baggersee spurlos verschwinden? Die kuriose Geschichte des „Blies-Bombers“ deutet darauf hin.

Die Große Blies, ein rund 300 x 100 Meter großer Weiher im Ludwigshafener Stadtteil Mundenheim, entstand beim Bau des Rangierbahnhofs. Bei einer Fläche von 8,3 Hektar hat das Gewässer eine durchschnittliche Tiefe von acht Metern mit einzelnen tieferen Stellen von bis zu zwölf Metern. Dort hinein, so erfuhr Uwe Benkel, der Vorsitzende der Arbeitsgruppe Vermisstenforschung, die schon 120 Flugzeugwracks aus dem Zweiten Weltkrieg aufgespürt hat, soll im Krieg ein Bomber gestürzt sein.

Benkel ist nicht auf Sensationen aus – er will die Schicksale der Besatzungen aufklären, damit man die Angehörigen unterrichten kann. Ein Mann meldete ihm, sein Großvater habe während des Krieges den Absturz eines Flugzeugs in die Blies beobachtet, andere Zeugen wollen in der Nach-

Die Lancaster, viermotoriger Bomber der Royal Air Force, im Einsatz während des 2. Weltkriegs kriegszeit bei Niedrigwasser noch eine Tragfläche aus dem Weiher ragen gesehen haben. Auch hätten Wracktaucher damals Erkennungsmarken der Besatzung geborgen – vermutlich Kanadier.

Benkel schlussfolgerte, es müsse sich wohl um ein britisches Flugzeug gehandelt haben, einen viermotorigen Lancaster-Bomber der Royal Air Force, also ein 21 Meter langes Flugzeug mit einer Spannbreite von 31 Metern.

Nach den übereinstimmenden Angaben seiner Informanten war sich Benkel sicher, dass das Wrack des „Blies-Bombers" zwischen der Ufergaststätte „Petri Heil" und der kleinen Insel im See lag, und er plante, es mit Tauchern oder einem Boot mit Metallsonde aufzuspüren. „Das wäre für uns ein Ansatzpunkt – wir würden gerne mit einem Boot und einer etwa sechs Meter tief reichenden Magnetsonde diesen Bereich nach Metallresten absuchen", so Benkel.

Weder der Stadtarchivar Stefan Mörz noch der Ludwigshafener Luftkriegsexperte Peter Menges hatten je von diesem Absturz gehört. Auch Berufstaucher der Feuerwehr, die in der Blies übten, waren noch nie auf ein Wrack gestoßen.

(*Ludwigshafener Rundschau*, 19. Juli 2013; *Mannheimer Morgen*, 18. Juli 2013)

Die Berichterstattung in den Medien lieferte Benkel bald 15 weitere Hinweise auf ein Flugzeugwrack im Weiher. Allerdings befand sich unter den Zeugen niemand, der den Absturz selbst miterlebt hatte; alle wussten nur aus Erzählungen davon. Immerhin zeigte ein Luftbild, das 1944 nach einem Luftangriff von einem Aufklärungsflugzeug aus gemacht worden war, zwischen der Insel und der Gaststätte „zwei helle Punkte", die Wrackteile sein könnten. Benkel stellte bei der Stadtverwaltung Ludwigshafen einen Antrag auf fünf geplante Tauchgänge – er und sein acht Mann starkes Team waren sich sicher, die Lancaster zu finden.

(*Die Rheinpfalz*, 20. Juli 2013)

Am Sonntag, dem 18. August 2013, war es dann endlich so weit: Sieben Taucher der Tauchsportgruppe Klingenmünster, darunter Jan Jagenow, durchkämmten die Blies und stießen auf Holzstücke und ein metallenes Wrackteil – gerade mal handtellergroß,

sollte es aus der Verstrebung einer Tragfläche stammen.
Benkel vermutete nun, dass die Überreste des Bombers tief im Schlick am Grund des Weihers steckten, wo die Sicht äußerst schlecht sei, „nur 20 bis 30 Zentimeter weit“. Zudem befände sich am Grunde des Weihers eine Grube, die bis zu 15 Meter tief und möglicherweise durch den Einschlag des Bombers entstanden sei. „Dort unten sieht man gar nichts. Es ist wie ein schwarzes Loch.“

(*Die Rheinpfalz*, 21. August 2013)

Bei einem zweiten Tauchgang am 31. August suchten sechs Taucher zwei Stunden lang. Sie fanden zusätzliche Holzstücke und ein weiteres Metallteil, das sie von „irgendetwas Größerem“ abbrachen, das am Boden im Schlamm steckte. Es wies deutliche Brandspuren auf. „Vermutlich ist der Flieger brennend ins Wasser gestürzt und zerschellt“, mutmaßte Benkel. Nun war auch nicht mehr von einer Lancaster die Rede, sondern von einer De Havilland Mosquito, einem zwölf Meter langen britischen Allzweckflugzeug mit 16,54 Metern Flügelspannweite und zwei Mann Besatzung, das zum größten Teil aus Sperrholz bestand. Bei dem frisch geborgenen Stück könnte es sich um die Radaufhängung handeln. Benkel gab an, er hätte „ein großes Trümmerfeld“ in dem Weiher ausgemacht: „Was immer wir in den nächsten Wochen finden, fest steht jedenfalls schon jetzt, dass es den Blies-Bomber tatsächlich gibt.“

De Havilland Mosquito

(*Die Rheinpfalz*, 1. September 2013)

Endgültig aufspüren wollte er das Wrack am 21. September 2013 mit einem Echolot.

(*Die Rheinpfalz*, 2. September 2013)

Im Juni 2014 wurde die Suche abgeblasen – und zwar ohne Resultat. „Wir gehen davon aus, dass es nichts mehr zu finden gibt“, so Benkel. Schließlich habe vor rund 30 Jahren, irgendwann vor 1985, ein Saugbagger große Mengen Schlamm und Sedimente ausgerechnet dort abgesetzt,

Die Blies in Ludwigshafen: kein Flugzeug weit und breit

wo er das Wrack vermute. „Da kann nun eine vier bis sechs Meter dicke Schicht Schlamm und Schlick alles zudecken.“ Dr. Thomas Grieshaber von der Nachfolgefirma Gebr. Grieshaber GmbH und Co. KG: „Wir haben damals den Unterwasseraushub aus der sogenannten Großen Blies über die Wollstraße in die Kleine Blies versetzt und sie aufgefüllt. Das ist aber auch alles, was ich davon weiß.“

(*Mannheimer Morgen*, 14. Juni 2014; *Die Rheinpfalz*, 17. Juni 2014)

Gab es ihn, den Bomber in der Blies? Ist er zerstört worden, spurlos verschwunden oder erinnern sich die Leute bloß falsch? Nur der eindeutige Fund von Wrackresten könnte das Problem klären, und der ist kaum noch zu erwarten.

## *Das Storchengericht zu Oggersheim*

Der englische Naturforscher L. W. Hayward schrieb im April 1954 in einem Brief an die britische Tageszeitung *Daily Mirror*: „In der Nähe des Ortes Oggersheim am Rhein gibt es eine große Wiese, auf der sich in jedem Herbst die Störche versammeln. Einmal wurden dabei ungefähr fünfzig Störche beobachtet, die

Obgleich als Brutvogel in der Pfalz bestätigt, sind größere Storchansammlungen selten

einen Ring um ein einzelnes Tier bildeten, das Zeichen sehr großer Angst verriet. Einer der Vögel sprach zur gesamten Versammlung, indem er zwei oder drei Minuten lang mit den Flügeln schlug. Ihm folgten in regelmäßigen Abständen erst ein zweiter, dann ein dritter und ein vierter, die es ihm gleichtaten. Letztlich fielen sie alle ein und stürzten sich plötzlich auf den Schuldigen in der Mitte, den sie in wenigen Sekunden töteten."

(*Daily Mirror,* 13. April 1954, zitiert in Bob Rickard und John Michell: The *Rough Guide to Unexplained Phenomena*. London: Rough Guide 2007, S. 392; Bob Rickard und John Michell: *Das rechnende Pferd von Elberfeld.* Düsseldorf: Econ 1983, S. 275)

Derartige „Tiergerichte" werden seit der Renaissance aus vielen Kulturen gemeldet, am häufigsten solche von Vögeln.

## *UFOs über Ludwigshafen am Rhein*

Ein UFO über Oggersheim meldeten am 30. Juli 1983 gegen 23 Uhr mehrere Augenzeugen. Es soll eine rot leuchtende Feuerkugel gewesen sein, etwas größer als ein Fußball. Das Ding bewegte sich in westlicher Richtung.

(*Die Rheinpfalz*, 2. August 1983)

Augenzeugen schilderten am 2. April 1988 einen „hellen Lichtkreis" am Himmel über der Ludwigshafener Gartenstadt, der auch in den folgenden Tagen immer wieder auftauchte – genau dort, wo der Stern Wega stand!

(*CENAP-Report* 148, 1988, S. 48)

Am 1. September 1999 erblickte Karl-Heinz A. von einem Balkon im fünften Stock in der Wittelsbachstraße ein UFO in Form eines Bumerangs, so breit wie zwei Finger bei ausgestrecktem Arm, der sieben bis neun „sehr schwache, weiße Lichter" aufwies und

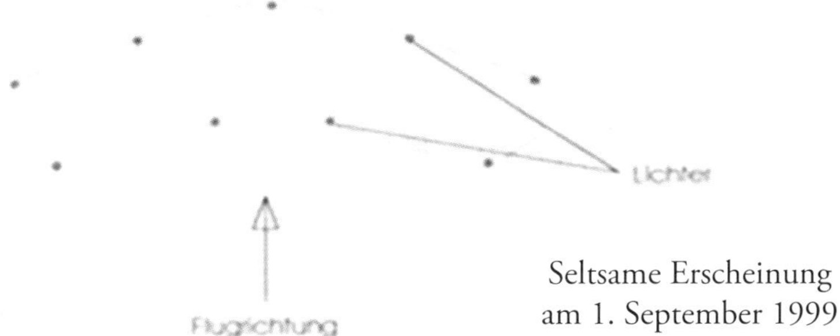

Seltsame Erscheinung am 1. September 1999

nach 15 Sekunden lautlos aus der Sicht verschwunden war.

Experten, die die Meldung untersuchten, vermuteten, es habe sich um eine von den Lichtern der Stadt erhellte Formation aus Zugvögeln gehandelt.

(CENAP-Report 268, Mai 2000, S. 12)

Am 3. Februar 2007 sichtete eine Familie aus Oggersheim am Abend „drei schwarze, zackige Objekte", die mindestens eine Stunde lang in Richtung Ruchheim am Himmel schwebten. Nach einem Aufruf in der Zeitung meldete sich ein weiterer Oggersheimer, der das Rätsel lösen konnte: Ein Kastendrachenbauer aus Darmstadt hatte im Gewerbegebiet seine drei Modelle steigen lassen.

(*CENAP-Report* 303, Februar 2007, S. 86 f.)

Am 19. Oktober 2014 schließlich beobachtete eine Leserin der *Rheinpfalz* vom zehnten Stock ihres Wohnhauses aus ein ihr unerklärliches Flugobjekt, das sie auch durch ein Fernglas betrachtete. Es entfernte sich innerhalb von 15 Minuten in Zeitlupentempo und bestand aus drei relativ großen, in Dreiecksform angeordneten Lichtern. Sie verständigte die Polizei; der UFO-Experte Hansjörg Köhler vermutete, es könnte sich um einen Quadrocopter gehandelt haben, eine ferngesteuerte Drohne.

(*Die Rheinpfalz – Ludwigshafener Rundschau*, 21. Oktober 2014)

Drohne unterwegs

### *Ein Meteorit über der Rheinprovinz*

„Ein ähnliches Phänomen, wie das, welches in den letzten Tagen des Monats August in Rom und in anderen Städten Italiens beobachtet worden ist, wurde am 13. September an mehreren Orten der bayerischen Rheinprovinz gesehen. So berichtet man aus Ludwigshafen: ‚Gestern (am 13) Abends 6 ½ Uhr wurde hier ein Meteor in Gestalt einer anscheinend etwa 45 Centimeter im Durchmesser haltenden feurigen Kugel beobachtet, welche mit großer Schnelligkeit die Luft durchschneidend in östlicher Richtung verschwand.‘ Eine Detonation dieser Feuerkugel, wie sie in Italien gehört wurde, ist weder in Ludwigshafen noch an anderen Orten diesmal wahrgenommen worden.“

(*Fürther neueste Nachrichten für Stadt und Land*, 18. September 1872)

# Rhein-Pfalz-Kreis

### *Der Killerhecht im Mondsee*

Es war zwar nicht der „Weiße Hai“ … aber irgendwie schon! Im „Mondsee“ des Binshofs im Otterstadter Naherholungsgebiet spielte im Juni 1982 die vierjährige Melanie Schabe im seichten Uferwasser mit ihrem Schwimmring, als sie plötzlich spitz aufschrie. Sofort kamen die Mutter und weitere aufgeschreckte Badegäste herbeigeeilt – und ihnen entgegen stolperte das Mädchen mit tiefen Bisswunden an der rechten Hand. Ein Arzt stellte fest, dass hier ein Hecht zugeschnappt hatte.

(*Die Rheinpfalz*, 11. Juni 1982)

## *Ein Riesenwels in Waldsee*

Einen 77 Kilo schweren und stolze 2,22 Meter langen Wels angelten Thomas Kempf und Martin Fricke in Waldsee. Das Wassermonster brachte die beiden auf Platz eins der Jahreshitliste 2006 des Magazins „Blinker“.

(*Saarbrücker Zeitung*, 23. Januar 2007)

Das Vorbild: Dr. Kimble in der erfolgreichen TV-Serie „Auf der Flucht“

## *Pfälzer Geisterkänguru*

Im Sommer 2009 war ein Känguru in der Vorderpfalz unterwegs – das nie gefangen werden konnte. Wochenlang hielt das Tier, das seinen Häschern stets entkam, Polizei und Presse auf Trab, die den schlüpfrigen Flüchtigen liebevoll „Kimble“ tauften. Sichtungen wurden unter anderem aus Mutterstadt, Maxdorf, Gerolsheim und Ebertsheim gemeldet. Es wurde angenommen, es habe sich um eines von drei Kängurus gehandelt, die im Jahr zuvor in Osburg in Rheinland-Pfalz, in der Nähe des Saarlandes, aus einem Gehege ausgebüxt waren. Zwei der Tiere konnten eingefangen werden, dass dritte blieb unauffindbar.

Im März 2010 sahen dann zwei Spaziergängerinnen in der Nähe eines Sportplatzes in Wadern (Saarland) im Wald urplötzlich ein Känguru vor sich stehen – das dann davonhüpfte. Auch hier wurde vermutet, es handle sich um Kimble.

(*t-online.de*, 29. März 2010)

## *Die „Weiße Frau" von Neuhofen*

Früher spukte an vielen Orten, auch in der Pfalz, die „Weiße Frau", die hell leuchtende Erscheinung einer Frau, die in den Erzählungen allerdings vielfältige Aufgaben haben konnte.
In der Vorderpfalz war Neuhofen berühmt für die Erscheinung einer solchen „Weißen Frau". Die Homepage der Gemeinde erwähnt sie, merkt aber an, dass man sie heute nicht mehr trifft: „Ebenfalls verschwunden ist die Weiße Frau, die am Hochufer zwischen Waldsee und Neuhofen einst einen Schütz so erschreckt haben soll, daß er starb. Wahrscheinlich ist sie vom sommerlichen Hochbetrieb an der ‚Schleecht' [einem Badeweiher] verschreckt und vertrieben worden."

Neuhofen

Und im Überzeugungston derer, die eben nicht mehr an Gespenster glauben, heißt es: „Das wohl Einbildungskraft und Kerzenlicht bei dieser Geistererscheinung kräftig mithalfen, zeigt die Tatsache, daß das Gespenst nicht mehr auftauchte, nachdem das elektrische Licht eingeführt wurde."
(http://www.neuhofen.de/neuhofen/de/gemeinde/geschichte.php)
Es ist allerdings selten das elektrische Licht, das Geister vertreibt, als vielmehr die Skepsis: Lacht man erst einmal über ein Gespenst, kann es keine Angst mehr machen.
Das Sichten von Geistern inszeniert auch ein von Helmut Seebach angeführter Gewährsmann, Willy Mai, bereits im Jahre 1940 als Kampf zwischen Aberglauben und Cleverness (als könnte nicht auch heute noch ein cleverer, aufgeklärter Mensch urplötzlich einem Gespenst begegnen):

„Es gibt natürlich auch ‚Aufgeklärte', besonders in der Rheinebene, die an solchen Spuk nicht glauben. Sie sagen's aber den andern nicht, sondern hängen selbst einen Schafpelz um oder setzen einen Schlapphut auf und treiben als ‚Hüttenhammel' oder als ‚Schlapphut' ihren Spaß mit den ‚Dummen'. Wie mag erst der Bauer geschaut haben, als ihm die weiße Frau in der Schleecht bei Neuhofen den Angstschweiß aus allen Poren getrieben hatte und er merkte, daß ihn Kinder mit einem weißen Fließpapier narrten."

(*Pfälzisches Sagenlesebuch: mit alten und weiteren 200 neuen Sagen.* Bachstelz-Verlag 2003, S. 13)

## *Seltsames Männlein mit Spaten*

In einem Leserbrief beschrieb der Münchner E. L. Kump, er habe im März 1979 um 10.20 Uhr zwischen Mutterstadt und dem Ludwigshafener Stadtteil Maudach einen „Gegenstand" beobachtet, der in Fußgängergeschwindigkeit auf ihn zugeflogen

Verblüffende Ähnlichkeit: Figur aus der Comicserie „Valerian"

und daraufhin gelandet sei. Es war eine Untertasse, und sie stand auf drei geraden Metallbeinen. Ein Licht in dem UFO erlosch und ging gleich darauf wieder an. „Jetzt sah ich für kurze Zeit ein Männchen, etwa 1,50 Meter hoch, das neben der Untertasse stand. Es hantierte mit Spaten und Tüte, als ob es Bodenproben einsammle. Das Männlein sah seltsam aus, und das Auffallendste war wohl dieser ‚Rüssel'. Es könnte sein, daß dies gar kein Rüssel, sondern vielmehr ein Atemschlauch war. Das Männlein stieg durch eine Luke [...] wieder in den Gegenstand ein, der sich dann flach über mich wegbewegte, dann sein Licht ausschaltete und so für mich nicht mehr zu beobachten war." Die Untertasse maß 25 Meter im Durchmesser und sieben Meter in der Höhe.

(*Die Rheinpfalz – Ludwigshafener Rundschau*, 31. März 1979)

Eine tolle Geschichte – aber leider geschwindelt, wie mir der Verfasser des Briefs gestand.

Die britische SF-Serie „UFO" lief in Deutschland ab 1971

## *UFO über Beindersheim*

In Beindersheim erwachte eine Frau am 27. August 2016 morgens aufgrund einer Art Hubschrauberlärm. Sie sah zum Himmel hoch und sichtete dort „eine blau leuchtende Drohne". „An der Oberseite dieses Objektes habe sich ufogleich eine rot leuchtende Stange befunden. Nach einigen Minuten sei das Objekt nach einiger Zeit in Richtung Großkarlbach verschwunden."

Die Frau meldete ihre Beobachtung der Polizei, aber die Beamten konnten das Rätsel auch nicht lösen.

(www.mrn-news.de, 20. September 2016)

## *UFO über dem Rhein-Pfalz-Kreis*

Am 2. März 2001 meldete Herr M. aus Mutterstadt, er sehe rechts neben dem Mond seit 20.45 Uhr „ein helles Objekt wie ein zweiter Mond", und das schaue „ganz komisch aus". Tatsächlich stand neben dem Mond ein helles Licht – der Planet Jupiter.

(*Jufof* 134, 2/2001; 41 f.)

## *Riesenschlange bei Dannstadt-Schauernheim*

Im Mai 1984 beobachtete eine Frau eine etwa anderthalb Meter lange, giftig wirkende Schlange bei Schauernheim.

(*Die Rheinpfalz-Ludwigshafener Rundschau*, 10. Mai 1984)

# Speyer

## *Es knallt über Speyer*

Am 1. Oktober 2014 knallte es lautstark am Himmel über dem Großraum Speyer, darauf folgte eine Druckwelle. Solche Himmelsknalle werden von vielen Gegenden Deutschlands berichtet, und das seit Jahrhunderten. Hier nahmen die Feuerwehren der Metropolregion Rhein-Neckar an, es habe sich schlicht um einen Überschallknall gehandelt. Wochen vorher waren immer wieder unerklärliche Knallgeräusche im Himmel über dem Saarland zu hören gewesen.

(*http://grenzwissenschaft-aktuell.blogspot.de/2014/10/ratselhafte-knallgerausche-im-saarland.html*)

## *Der Werwolf von Speyer*

Johann Georg Gichtel (1638–1710) war ein Mystiker und früher Pietist – und er fürchtete eine ganz und gar von teuflischen Mächten durchdrungene Welt.

Dom zu Speyer

Er trieb „durch das Gebet“ hin und wieder einen Inkubus, einen lüsternen weiblichen Dämon, von sich weg. Eine Zeitlang war er in Speyer tätig, und auch dort manifestierte Satan seine Macht – in Form eines Werwolfs.

Gichtel schrieb, während seiner Zeit in Speyer seien dort 1665 viele Werwölfe unterwegs gewesen und hätten Rinder, Schweine und Kinder verschlungen. Einmal konnten die Jäger erfolgreich auf einen der Werwölfe schießen, sie folgten der Blutspur – und stießen auf den Schmied des Ortes, der sich offenbar in einen Wolf verwandelt hatte.

(Jeff Bach: *Voices of the Turtledoves: The Sacred World of Ephrata*. Penn State Press 2005, S. 173)

## *Das Meerwunder in Speyer*

Am 11. November 1688 sah man ein „Meerwunder“, so nannte man früher Seeungeheuer, im Rhein vor Worms. Francisci Accera Exoticor schreibt in seinem Buch *Kurtze Vorstellung der Stadt Wormbs*, das 1690 in Frankfurt am Main erschien:

„Lebendiges Meerwunder im Rhein. Den 11. Nov. Mittags umb 10. Uhr ließ sich ein grosser ungeheurer Fisch allhie im Rhein sehen / welcher bey 30. Schuh lang [9 m] geachtet ward / seine Gestalt konnte man wegen

schnellen Lauffs nicht eigentlich bemerken / doch erkandte man / daß er 2 Hörner an der Nasen und den Schwantz überzwerg [verdreht] hatte / so über dem Wasser hervor giengen: viel hielten es vor ein Vorbott sonderbahrer Veränderung: Ja / etliche vermeinthen / es bedeute der Teutschen Hereylung [Herbei-Eilung] / so uns auß dem Frantzösischen Joch wieder erreten würden." Der Monsterfisch wurde als göttliches Zeichen gesehen, dass die von den Franzosen verheerte Pfalz bald wieder befreit sein würde.

Am 17. November 1688 vermerkt ein Speyrer Chronist:

„Am 17. Nov. [1688] – An diesem Tag sahen Speyrer Fischer bei Ketsch einen ungeheuren Fisch im Rheine, der viel Wasser, gleich einem Wallfische, in die Höhe spritzte. Er schwamm schneller, als ein Pferd im Galoppe läuft, und bewegte das Wasser, gleich einem brausenden Winde."

Das Ungeheuer wurde im Rhein bis Basel beobachtet, dann wurde im darauffolgenden Jahr zuerst ein toter Riesenfisch bei Worms, danach bei Koblenz und noch später bei Köln angeschwemmt. Was damals den Rhein heimsuchte, konnte nie geklärt werden.

## *Margaretha Weiß, das Hungermädchen von Speyer*

Für all jene, die glauben, Magermodels seien ein modernes Phänomen, zeigt die folgende Geschichte über das Mädchen, das über zehn Jahre lang auf wundersame Weise ohne Speis und Trank lebte, dass es Essstörungen schon immer gab. Geht es heute darum, bestimmten Schönheitsidealen zu entsprechen, konnte sich damals ein Wunderfaster als außerordentlich fromm präsentieren – und schaffte es sogar bis ins Kaiserhaus.

„Dieses Wunder-Mägdlein Margaretha Weissen / eine Tochter Seyfried Weissen / im Dorf Roed [Rhodt?] / zwo Meilen von Speyer wohnhafft / hat umb Michaelis [29. September] Anno 1539. im 10. Jahr ihres Alters / einen heffetigen Haupt- und Bauchschmerzen bekommen / und zu gleich einen solchen Eckel vor

Der „Suppen-Kaspar" (aus: „Der Struwwelpeter" von Heinrich Hoffmann)

den Speisen / daß Sie umb Weynachten gantz nichts mehr hat essen können / ist auch solche Zeit über durch den Stul und auß der Blasen nichts von ihr kommen."
Danach verzichtete sie sogar noch auf Getränke: „Zu folgendem 1540. Jahr (umb Ostern / hat Sie auch angefangen vor allem Tranck ein Eckel zu bekommen / und umb Pfingsten gantz nichts mehr trinken können: Doch hat Sie den natürlichen Schlaf behalten / und hat sich ihr Hirn offt durch die Nasen / aber nicht durch den Mund gereiniget / und wann Sie bißweylen Kindischer Weiß geweinet / sind ihr die Zähren [Tränen] häufig auß den Augen geflossen."
Ein solches Wunder erregte die Aufmerksamkeit des Königs: „Anno 1542. als der Römische König Ferdinandu auf den Reichs-Tag nach Speyr kommen / und von diesem Mägdlein berichtet worden / hat Er selbiges / sambt ihrem Vatter im Monath Februario dahen zu sich bringen / mit neuen Kleidern / wie Sie alhie sehet [Verweis auf eine Abbildung] / anlegen / und in einem Gemach fleyssig bewahren lassen / da sich befunden / daß Sie damals völlig 12. Jahr alt / und [...] / ohne Speiß und Tranck warhafftig biß dahin ihr Leben zugebracht hat."
(Flugblatt nach: Eugen Holländer: *Wunder, Wundergeburt und Wundergestalt in Einblattdrucken des fünfzehnten bis achtzehnten Jahrhunderts: Eine kulturhistorische Studie.* Books on Demand, 2012, S. 212–214)

## *Ein Gespenst packt einen Wachmann an den Beinen*

Im 16. Jahrhundert beschwerten sich Speyrer Bürger beim Rat der Stadt, sie könnten unmöglich weiterhin auf dem Abschnitt der Stadtmauer Wache halten, der hinter dem Haus des Deutschen Ordens liege, das heißt in der Nähe des Doms. Dort, so klagten sie, gehe ein Gespenst um. Einmal hätte es in der Nacht einen bei den Füßen gepackt und fortgeschleift, ein anderes Mal habe es einen der Wachestehenden verletzt. Der Rat entschied, den Standort der

Wache zu verlegen, damit kein weiteres Unheil geschah.

(Wolfgang Eger: *Geschichte der Stadt Speyer*, Band 2. Stuttgart: Kohlhammer, 1982, S. 6)

## *Spuk in der Pfaffengasse*

Wer hätte geglaubt, dass sich in der hübschen Kleinen Paffengasse in Speyer, wo es zum Judenbad und zur Ruine der Synagoge geht, einmal ein Gespenst laut polternd und lärmend zu Wort gemeldet hat? Und doch soll das im Jahre 1756 so gewesen sein.

Das sogenannte Fürstenhaus oder Große Rollingenhaus (Altes Gymnasium), in dem sich heute das Amt für Denkmalpflege befindet, wurde im Jahre 1756 „durch Gespenster und sonstige ungewöhnliche Erscheinungen, Poltern und Tumultieren sehr beunruhigt."

Die vom Spuk und Poltern beunruhigten Bewohner wandten sich an den Fürstbischof, der Hausherr des Anwesens war, und baten förmlich darum, dieser „möge geruhen gnädigst von höchsten Ordinariats wegen zu gestatten", der Pfarrer von St. Stephan zu Mainz, der „im exorciren und anderen zur Abwendung dergleichen Ungemachs ab ecclesia vorgeschriebenen Gebräuchen und Verrichtungen sehr geübt und erfahren seyn solle", solle gerufen werden, um das heimgesuchte Haus „von dem bißherigen Unwesen" zu befreien, also einen Exorzismus durchzuführen.

(*Pfälzisches Museum*, Band 38, 1921, S. 119; Fritz Klotz: *Speyer: Kleine Stadtgeschichte*. Bezirksgruppe Speyer d. Histor. Vereins d. Pfalz, 1988, S. 84; Helmut Seebach: *Sagen in der Pfalz: Geister, Hexen, Teufel; ein Beitrag zur Volkskunde der Pfalz*. Bachstelz-Verlag, 1996, S. 143)

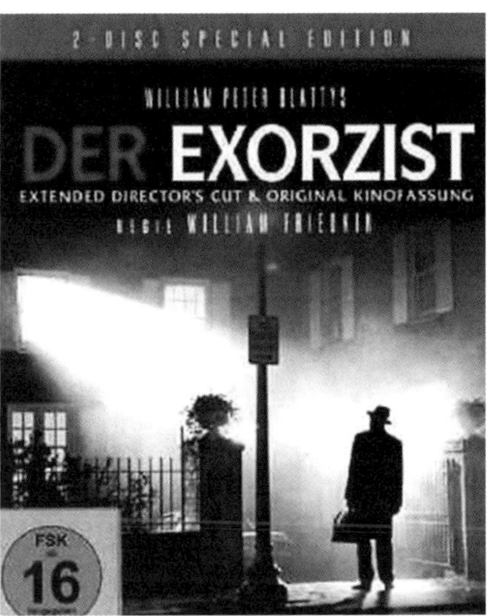


Exorzismus im Film – einer der größten Kinoerfolge der 70er-Jahre

## *Spuk 1651 und 1835 zu Speyer*

Und wieder spukte es in Speyer, als 1835 ein Poltergeist zum Stadtgespräch wurde. In der Küche des Kapuzinerklosters im Gebäude des ehemaligen Nebenzollamtes hörte man immer wieder ein „Summen und Brummen, Sausen und Brausen".
Kluge Köpfe fanden heraus, dass im gleichen Haus bereits 1651 „nächtlichen Geister und Gespenster" gehört worden waren. Ein calvinistischer Prediger, der dort lebte, beschwerte sich jedenfalls über den Lärm. Im 17. Jahrhundert klang das Gespenst auch so, dass man „glaubte, einen Postillion blasen zu hören". Die Sache wurde so ernst, dass Militärs Nachtwache bezogen. Die Soldaten sahen in der Küche, was den Krach verursachte: „ein schwarzes Kalb, das einen langen Schweif nachschleppte. Und dieses Kalb gab jenen Laut von sich; es lief dann gegen ein Zimmer, in dem ein paar Tage vorher der Glöckner plötzlich verstorben war."

(Albert Becker: Bausteine zur Speyerer Volkskunde. *Pfälzisches Museum – Pfälzische Heimatkunde* Band 38. 1921, S. 119)

## *Das Geisterschiff von Speyer*

Geisterschiffe – wer denkt da nicht an schlaffe Segel in einer schlimmen Flaute, knarrende Deckbalken, eine Crew aus Skeletten mit Säbeln in der Hand, an „Fluch der Karibik" oder längst schon vergangene Seefahrtsromantik? Und doch werden selbst heute noch Geisterschiffe gesehen – und sogar im Rhein, wenn man einem anonymen Augenzeugen

Geisterschiffe – heute nur noch Kinderkram?

glaubt, der seine unheimliche Begegnung in einem Gespensterforum im Internet meldete.

Jedenfalls fragte ein „flo“ im Januar 2008 andere Teilnehmer des *Geister und Gespenster Forums*: „Geisterschiff? Würde mich interessieren was ihr sagt.“

Es war schon länger her. Der Berichterstatter, ein Junge im Alter von 16 oder 17 Jahren, befand sich mit zwei Freunden vom Kanu-Club und einem Kumpel kurz vor Speyer, dem Ziel des Ausflugs, mit dem Kanu auf dem Rhein. Die Jungs hielten Ausschau nach großen Frachtschiffen, in deren Bug- und Heckwellen man „cool“ reiten konnte, als es geschah. In der Rechtschreibung des Originals:

„So OK wir fahren so den rhein runter kommt uns ein Frachschiff entgegen, ich sag noch cool der mach wieder viel wellen zu meinem Kumpel, wir kommen näher und das Schiff kam uns entgegen. Plötzlich dreht es sich mitten auf den rhein quer und höhe Bundeswehr Übungsgelände fährt es einfach in das Ufer rein.“

An dieser Stelle gibt es keinen Hafen, der Frachter hätte also in voller Fahrt gegen das Land prallen müssen. Aber die Freunde hörten keine Kollision, und auch das große Schiff war urplötzlich verschwunden.

„Dann is es [das Schiff] wech wie vom Erdboden verschluckt. Ich erstmal gedacht ich spinne. Vorsichtig Kumpel gefragt hast du das auch gesehn, Kumpel ja hab ich. Dann die anderen Beiden gefragt das eine war der Vater vom Kanu Club kollegen Sie meinten auch sie haben es gesehen. Der Vater meinte am besten erzählen wir das nicht weiter die anderen halten uns für beklopt. Seit dem habe ich leider sowas auf dem rhein nicht mehr erlebt

Was sagt ihr? Ich kann mir das bis heute nicht erklären.“

Und so geht es wohl jedem Leser. Also: Augen auf, wer bei Speyer den Rhein entlangschlendert, denn offenbar ist da nicht nur die legendenumwobene Fähre mit den Geistern der deutschen Kaiser unterwegs, sondern auch ein echtes Gespensterschiff!

(*http://www.geister-und-gespenster.de/forum/wbb2/thread.php?threadid=7413*; Beitrag von Ghosthunter am 23. Januar 2008 um 12:17 Uhr)

## „Meteore“ über Speyer

Das Wort „Meteor“ bedeutete im 19. Jahrhundert noch jede atmosphärische Erscheinung, vom Regen über Wirbelstürme – deshalb heißt die Wetterkunde „Meteorologie“. Zwei besonders interessante Berichte stammen aus Speyer – eines ein „Nordlicht“, das andere ein „feuriger Drache“ – das, was wir heute Meteor nennen.

Zuerst das Nordlicht:

„Speyer, den 8. Jan [1831]. Gestern hatten wir hier die in unsern Gegenden sehr seltene Erscheinung eines Nordlichtes. Das Meteor nahm um 5 Uhr 40 Min. seinen Anfang dadurch, daß am nördlichen Horizonte, in einem Räume von ungefähr 40–50 Graden, weiße Strahlenbänder von größerer oder geringerer Lichtstärke aufstiegen. Das Licht dieser Strahlen, welche ihre Form unaufhörlich wechselten, war ruhig und ohne merkbare Oscillierung. Nach Verfluß einer Viertelstunde bildete sich ein ebenfalls ganz weißer Bogen, welcher sich unter der angegebenen Breite am Horizont, über diesen ungefähr 8 Grade erhob. Das durch den Bogen abgeschnittene Segment war mit einem dunkeln Nebel angefüllt, der sich scheinbar vor mehrere am westlichen Horizonte lagernde schwarze Wolken hervordehnte, und in welchem kleine dunkle Wolkenstreifchen schwammen. Ungefähr 6 Min. nach dem Bestande dieses ersten Ringes, bildete sich in einer Entfernung von 3 Graden über demselben ein damit parallel laufender zweiter Ring, von der nämlichen Leuchtstärke und bestimmten Begrenzung wie der erste. Sterne erster und zweiter Größe leuchteten ohne merkliche Schwächung ihres Lichtes durch den zwischen beiden Ringen eingeschlossenen Raum. Nicht lange blieben jedoch beide Ringe in paralleler Lage; der obere bildete bald das Segment eines Kreises mit kleinerem Radius, verschwand dann teilweise und es war von ihm um 6 Uhr 25

Min. nur noch ein äusserst helles Stück am östlichen Horizonte zu sehen. Die Erscheinung schien in diesem Augenblicke den höchsten Glanz erreicht zu haben; die unaufhörlich aufsteigenden Strahlen (welche übrigens nicht convergent, sondern parallel liefen und oft wie vom Winde geweht sich zusammen nach Westen hin neigten) nahmen an ihrem oberen Ende in einer Höhe von ungefähr 40 Graden eine starke Feuerröthe an, worauf alles verschwand. Die Helle des nördlichen Himmels dauerte jedoch noch mehrere Stunden, und war gegen 9 Uhr wieder geröthet. Das Meteor bot übrigens an verschiedenen Orten auch verschiedene Anblicke. So will ein anderer Beschauer bei dessen Beginnen einen feuerrothen Bogen gesehen haben, welcher sich bis gegen den Polarstern hinauf erhob. Andere sahen die Strahlen meistens geröthet, während der Einsender dieses, welcher die Beobachtung dieser Erscheinung in der Nähe von Mannheim und auf dem Wege hierher anstellte, das Licht fast immer weiß gesehen hatte.“

(*Neue Speyerer Zeitung*, 11. Januar 1831, S. 1)

Dreizehn Jahre später erschien ein „feuriger Drache“ über Speyer: „Pfalz. Speyer. Vergangenen Samstag, den 20. Juli [1844], Abends, einige Minuten vor 11 Uhr, wurde hier eine Feuerkugel, oder eigentlich ein feuriger Drache beobachtet. Schreiber dieses ging in Begleitung eines Andern auf der Hauptstraße dem Altpörtel zu, als plötzlich die ganze Straße hell erleuchtet wurde, da wir ungefähr dem Kaufhause gegenüber waren. Wir wendeten uns sehr schnell um, und gewahrten das Meteor, glänzender als der Vollmond, von Norden nach Süden ziehend, etwa mit der Geschwindigkeit einer Rakete in der

In den 1950ern erfolgreich: die Comicreihe „Meteor“ aus dem Titan Verlag

zweiten Hälfte ihrer Steigung. Es hatte vollkommen die Form eines papiernen Drachens, von der scheinbaren Länge eines halben Meters, und halb so breit. Es führte einen feurigen, knotigen Schweif hinten nach, von beiläufig drei Meter Länge, und entschwand unsern Blicken hinter dem Dome. Es zog, wie uns dünkte, diesseits des badischen Gebirges, und ging tief, und so weit wir es sahen, ganz horizontal. Eine Detonation vernahmen wir nicht."

(*Wochenblatt für die Land-Commissariats-Bezirke Zweibrücken, Homburg und Cusel*, 26. Juli 1844, S. 3)

## *Lichtkugel über Speyer*

Eine der ersten UFO-Sichtungen aller Zeiten erfolgte über Speyer. Gegen Ende November 1944, sehr wahrscheinlich am 27., „flogen Lt. Henry Giblin aus Santa Rosa, Kalifornien, der Pilot, und Lt. Walter Cleary aus Worcester in Massachusetts [in der Nähe von Speyer] als Radarbeobachter, in einer Höhe von 1000 Fuß (300 m), als sie ein großes rotes Licht etwa 300 m über sich beobachteten, das sich mit 200 Meilen pro Stunde bewegte. Ihre Beobachtung erfolgte früh an einem

THE AMERICAN LEGION MAGAZINE — December, 1945

The Foo Fighter MYSTERY

Sketch by RAYMOND CREEKMORE

By Jo Chamberlin

DURING THE last months of the war the

„Foo Fighters": von Piloten beobachtete rätselhafte Leuchterscheinungen während des Zweiten Weltkriegs

Winterabend, die Leute nahmen deshalb an, sie hätten etwas gegessen, was sie nicht vertragen hatten und beeilten sich nicht, ihre Sichtung zu melden."
Erst als weitere Piloten von unheimlichen Lichtern erzählten, die sie über Hagenau und Straßburg gesehen hatten, meldeten auch die beiden ihre Sichtung. Diese Lichtkugeln, denen die Piloten in den letzten Tagen des Zweiten Weltkrieges über Deutschland immer wieder begegnet sein wollen, wurden in der Fliegersprache „foo fighters" genannt, sie gelten als die ersten „UFOs" der modernen Zeit.

(Jo Chamberlin: *The Foo Fighters Mystery.* in: *The American Legion Magazine*, Dezember 1945; *http://ufologie.patrickgross.org/htm/speyer1944.htm*)

entrichtet hatte. Offenbar, um Kornkreise zu parodieren, erklärte ein Plakat an dem Irrgarten, das Labyrinth sei ganz geheimnisvoll und über Nacht im Feld erschienen!

(Diskussionsforum der Internet-Seite *alien.de*, 13. September 2002)

# Germersheim

## *Mysteriöses Labyrinth*

Im September 2002 konnte man in Schaidt ein Maislabyrinth besuchen, wenn man an der Eingangspforte seinen Obulus

## *Es hagelt Eisbomben – und ein Pfarrer vertreibt das Unwetter*

Gegen Ende des 18. Jahrhunderts war Franz Xaver Stroehl (gest. 1793) Pfarrer in Hördt.
Er „erwarb sich durch seinen Eifer und seinen frommen Lebenswandel ein großes Ansehen und

wurde fast als Heiliger verehrt. Eine Begebenheit, die man heute noch in Hördt kann erzählen hören, trug wesentlich dazu bei. Sie steht auch im Pfarrgedenkbuch Hördt verzeichnet und Pfarrer Sebastian Straub (1850–1861), der sie niedergeschrieben hat, bemerkt ausdrücklich, daß sie ihm von einem im Jahre 1856 im Alter von 91 Jahren verstorbenen Augenzeugen, der, obwohl Freimaurer, dennoch fest daran glaubte, erzählt wurde. Es stand nämlich an einem Sonntagnachmittag, wo der Augenzeuge mit seinem Bruder vom Pfarrer lateinischen Unterricht erhielt, ein Verderben drohendes Gewitter am Himmel. Schon zuckten die Blitze und rollte der Donner und Eisklumpen von einem Pfund Schwere fielen nieder. Die armen Bauern zitterten um ihre Habe auf dem Felde. Pfarrer Stroehl nahm sein Kreuzpartikel zur Hand, trat an das Fenster und segnete die schwarzen Wolken. Da lichtete sich alsbald der Himmel und das Gewitter verzog sich ohne den geringsten Schaden anzurichten. Pfarrer Stroehl hat seine Elenchen [Zweitschriften von Kirchenbüchern], wie weiter unten zu ersehen sein wird, sehr gewissenhaft und möglichst vollständig geführt."

(Baumann: Die Elenchen der Pfarrei Hördt von 1695–1795. *Mitteilungen des Historischen Vereins der Pfalz*, Band 28. 1907, S. 1–74, S. 54)

## *Die Schlange von Wörth*

Einst stand bei Wörth am Rhein im Ortsteil Dorschberg am Heilbach die heute längst verschwundene Burg Affelderle, die sich früher noch als „mäßig hoher Hügel" zeigte. Im Affelderle-Schlössle sei, so munkelte man, ein Schatz verborgen. Denn früher hätten dort Raubritter gehaust, die der Kaiser

Sex & Horror: Amanda Donohoe in „The Lair of the White Worm" (1988)

mit Stock und Stumpf ausmerzte, ihre Burg ließ er zerstören, so dass dann in dem Hügel ein schauerlicher Abgrund gähnte.
Den Schatz aber wollten um 1820 mehrere übermütige Kerle heben, als sie beim Ziegenhüten waren (damals war Wörth noch kein Industriestandort, sondern ein eher abgelegenes Dorf).
Der mutigste der Jungen band sich einen Strick um und seilte sich behutsam in die Öffnung ab. „Als er ein Stück unten war, schrie er – eine Schlange so groß wie ein Wiesbaum züngelte um seinen Leib – und wurde sofort wieder emporgezogen. Noch lange zeigte sich die Schlange in der Gegend des Hügels; am Halse trug sie einen goldenen Schlüssel und verfolgte noch manchen Besucher der einst mit Apfel-, später mit Kastanienbäumen bestandenen Anhöhe. Und so mieden die Leute die Gegend am Affelderle.“
(Affelderle in Wörth a. Rh. in: *Pfälzisches Museum. Pfälzische Heimatkunde.* Band 38, 1921, S. 72; eine erzählerisch stärker ausgestaltete Fassung findet sich in: M. Bader, A. Ritter und A. Schwarz: *Wörth am Rhein. Ortschronik.* Band I, Wörth a. Rh.: Stadt Wörth 1983, S. 147)

## *Boa! Eine Schlange!*

Zumindest ab und an tauchen große Schlangen in der Region noch auf, allerdings als Import von außen.
Einen großen Schreck bekam ein Schrotthändler in Hördt – er zerlegte im August 2002 gerade ein Auto, als er darin eine rund zwei Meter lange Würgeschlange Boa constrictor entdeckte. Er verständigte die Polizei, die das Tier in einen Zoo schaffen ließ.
(*Bild*, 6. August 2002, S. 6)

## *Die Zwerge von Wörth*

Bei Wörth liegt ein großes Areal mit Grabhügeln der Bronze-, Urnenfelder- und Hallstattzeit (15. bis 5. Jahrhundert v. Chr.). Diese Hügel sind von „Erdmännlein“ bewohnt. Einige davon galten als gefährlich: So manche Menschen aus „Hagenbach wurden von den Wörther Zwergen irre geführt, so daß viele im Sumpf umkamen.“
(Willi Mai: *Die pfälzischen Volkssagen und ihre gestaltenden Kräfte: Sagen aus religiösem Erlebnis.* R. Noske, 1940, S. 76)

Noch 1858 glaubten die Menschen fest an die Wirklichkeit dieser Wichtel: „Es sind harmlose Wesen, die in unserer bedrängten Zeit den Armen der Gegend manche reiche Wohltat erzeigen. So viel ist gewiß, daß an den Sandhügeln von den armen Fischern Wörths öfters ein kleines gnomenhaftes Männlein mit langem weißen Bart, einem großen Hut auf dem Kopfe, auf dem ein weißer Handschuh befestigt ist, mit einem mächtigen Schwerte an der Seite, in seltsamer Tracht gesehen wurde, und daß, wenn die Leute ihre Fische in dort abgestellte Körbe legen, sie den anderen Tag dafür reichlichen Lohn in denselben finden.“

Feurige Männer sollen bei Wörth ebenfalls spuken: Wenn jemand den Frevel begeht und einen der Hügel öffnet, erscheinen sie und führen den Frevler in den Sumpf, wo er ertrinken wird.

(M. Bader, A. Ritter und A. Schwarz: *Wörth am Rhein. Ortschronik.* Band I, Wörth a. Rh.: Stadt Wörth 1983, S. 60 ff.)

Mehrere Begegnungen mit den Zwergen und ihrem Führer Meister Klaus konnten die Forscher in Wörth notieren; es ist allerdings möglich, dass manche Geschichten über die „Erdmännlein“ von einem Dichter erfunden wurden, wie ein Heimatforscher herausfand – zumindest ist ihr Auftreten im September 1629 als Helfer bei einer Flutkatastrophe wahrscheinlich fiktiv.

## *Der Seehund von Ludwigshafen und Wörth*

Unter die „Produkte des Rheines“, die man in Baden fangen kann, zählen Adam Ignaz Valentin Heunisch und Joseph Bader 1857 in ihrem Buch *Das Großherzogthum Baden* auch „Seehunde und sonstige Meerfische, die

sich zuweilen aus dem Meere in den Rhein verlaufen.“

(Ignaz Valentin Heunisch und Joseph Bader: Das Großherzogthum Baden, historisch-geographisch-statistisch-topographisch beschrieben Jul. Groos, 1857, S. 195)

Noch 1907 lesen wir, dass man „Seehunde im Rhein bis Basel“ gefunden hat.

(Ludwig Reinhardt: *Vom Nebelfleck zum Menschen: Die Geschichte der Erde.* 1907, S. 432)

Und 1948 meldete *Der Spiegel* einen Seehund im Rhein zwischen Straßburg und Basel (der allerdings von einem Schiff entkommen war).

Nun, jagen kann man Seehunde im Rhein in der Pfalz nicht mehr, aber nach wie vor erinnert uns eine Sichtung daran, dass der Rhein unser Weg zum Meer ist. So wie im Sommer 1987.

Zuerst erblickten Arbeiter der BASF in Ludwigshafen am 30. Juli 1987 um 6.51 Uhr einen Seehund. Eine möglicherweise erschöpfte Robbe robbte am Fabrikufer an Land, weil aber Möwen auf sie herabstießen, schleppte sie sich zurück in den Rhein. Die augenblicklich verständigte Wasserschutzpolizei Mannheim und Ludwigshafen wie auch die Feuerwehr Ludwigshafen rückte mit Booten aus und versuchte vergebens, das Tier einzufangen. Um 11 Uhr sonnte sich die Robbe auf einer Sprungschanze für Wasserskifahrer im Kiefweiher, einem mit dem Rhein verbundenen See zwischen Rheingönheim und Altrip. Gegen 16 Uhr wurde sie, kräftig in Richtung Basel schwimmend, zuletzt gesehen.

Am 31. Juli 1987 erschien der Seehund bei Wörth, danach auf der badischen Seite, wo er in Elchesheim-Illingen ein paar Anglern die Fische von der Leine wegfraß.

(*Die Rheinpfalz*, 31. Juli 1987, S. 1 und 3. August 1987; *Badische Neueste Nachrichten*, 4. August 1987, S. 4)

### *Ein Kugelblitz in Wörth*

Zwei Erwachsene und eine Gruppe Schulkinder sollen Zeuge gewesen sein, als ein Kugelblitz am 18. August 2000 um 11 Uhr vormittags einen Polizeihauptmeister in Wörth-Maximiliansau zu Boden warf. Der Polizist hatte an der Schule für die vierte Klasse Verkehrsunterricht gehalten, als es zu regnen begann. Die Kinder eilten unter ein Dach, der Polizist ging zu seinem Dienstwagen – da wurde er vom Blitz getroffen. Er verlor kurz die Besinnung, stürzte zu Boden und erlitt einen komplizierten Trümmerbruch der Speiche am Handgelenk. Dabei wurde das metallene Uhrband zerbrochen. Der Mann selbst erinnerte sich an nichts, nicht einmal, ob er Blitz und Donner wahrgenommen hatte, aber mehrere Schulkinder erklärten, sie hätten kurz vor dem Unfall drei Blitzkugeln gesehen, von der sich eine aus der Formation gelöst habe und in den Polizisten geschlagen sei. Dann habe es einen lauten Knall gegeben.

Auch bei „Tim & Struppi“ fliegen Kugelblitze

(*Rhein-Neckar-Fernsehen*, 13. September 2000)

# Landau in der Pfalz

### *Die Hexen von Landau*

1594 zeigte man den elfjährigen Sohn des Queichheimer Pfarrers Hugo Müller in Landau als Zauberer an. Das Kind erklärte, die Witwe des Hans Bauer habe

ihn die Hexerei gelehrt. Die Frau wurde verhaftet und in den Mühlturm verbracht, wo sich das Gefängnis befand.
Am 29. Juli wurde sie dem kleinen „Zeugen“ gegenübergestellt, mit ihm „confrontiert“, leugnete aber ihren Anteil an der Sache. Daraufhin ordnete der Rat der Stadt Landau an, die Frau ein zweites Mal mit ihrem „Besager“ zu konfrontieren und sie dann zu foltern. Was danach geschah, darüber fehlen die Unterlagen. Bekannt aber ist, dass eine Reihe Landauer Bürger ermahnt wurde, nicht grundlos andere der Hexerei zu beschuldigen.
1596 kam es zu einer weiteren Welle von Hexenprozessen in Landau, deren Ausgang unbekannt ist, und 1598 und 1615 erneut, wo allerdings alle Beschuldigten wieder freigelassen wurden.

(Rolf Übel: *Wegen vielgeübter Zauberei und Hexenwerk*. Verlag für Burgenkunde: Landau, 2003, S. 59 f.)

## *Das „Gespenst“ von Landau*

Ein Gespenst spielte, zum Gespenst wurde der „verrufenen Posten“ in Landau: „Ein Major, ein Navarreser – in der französischen Zeit [also von 1688 bis 1816] – war von allen gefürchtet und gehaßt seiner allzugroßen Dienststrenge wegen. Als vermummtes Gespenst schlich er öfters tief in der Nacht bei allen Posten und Wachen herum, um zu necken und zu schrecken, zumal bei angehenden Rekruten. Wehe dem, der nur das Geringste versäumte! Einmal aber schlug es fehl. Auf dreimaliges ‚Wer da?‘ keine Antwort. Die Schildwache feuert – der Major liegt im Blute, ohne priesterliche Einsegnung ward er bestattet. Aber nach dem Zapfenstreiche soll der betroffenen Wache er auf der Schanze sich zeigen, eine fahle, blutige Leiche mit klaffender Wunde, wimmernd und flehend – und wieder verschwinden."

(*Bavaria, Landes- und Volkskunde des Königreichs Bayern bearb. von einem Kreise bayerischer Gelehrte,* 4. Band. J. G. Cotta'sche Buchhandlung: München 1867, S. 317)

## *Dracula in der Südpfalz?*

Der Abendsegler, eine europäische Fledermausart, kann in großen Schwärmen lange jahreszeitliche Wanderungen durchführen. Am 18. und 19. September 1976 fand in Landau ein Flugtag statt.

Aber es flogen nicht nur Flugzeuge. Mehrere Beobachter sahen zwischen umhersegelnden Schwalben und Staren „große Fledermäuse". Einer der Berichterstatter, ein F. Hauck, zählte zwischen 18 und 19 Uhr über 100 Tiere, dabei war der Himmel wolkenlos, das Thermometer zeigte 15° C. Ein H. Wissing gab an, es seien „um die 200 Stück" gewesen.

Noch am gleichen Abend beobachteten andere Augenzeugen die „großen Fledermäuse" bei Appenhofen. Das Vorkommnis sei gar nichts Ungewöhnliches, erklärte der Vorsitzende des „Aero-Club Landau", F. G. Holz, den ihn befragenden Zoologen. Eigentlich beobachte man in jedem Herbst „große Fledermäuse" über dem Flugfeld, Anfang der 1970er-Jahre hätte man sogar „ganze Schwärme" bemerkt, „die hier während etwa 10 Tagen den Flugplatz ‚bevölkert' haben."

Am 22. bis 23. November 1972 zog ein Schwarm Abendsegler in einen zwölfstöckigen Wohnblock im Kaiserslauterer Stadtwald ein „und ließ sich dort in den oberen Stockwerken nieder.

Während 20 Tiere von Mitgliedern des örtlichen Bundes für Vogelschutz eingetragen und gerettet wurden, wurde eine nicht mehr nachprüfbare Zahl weiterer Tiere von den Hausbewohnern in einen Müllschlucker geworfen und vernichtet."

(*Säugetierkundliche Mitteilungen*, Band 25. BLV Verlagsgesellschaft mbH 1977, S. 226)

## *Kornkreise in Landau*

Landau ist einer der Orte in der Pfalz (der andere ist Reifenberg bei Pirmasens), an dem immer wieder Kornkreise auftauchen.

Am 26. Juni 2014 entdeckte Claudia Zech, die ihre Eltern nahe bei Landau besuchte, eine Formation in einem Weizenfeld. Ihr Vater hatte die Kornkreise aber bereits eine Woche zuvor bemerkt – eine Z-förmige Anordnung aus fünf verschieden großen Kreisen mit je zwei kleineren Kreisen am Ende der Diagonalen. Da zwischen der Entdeckung des Getreidebildes und der ersten Untersuchung durch den Kornkreisforscher Andreas Müller mehr als eine Woche verstrich, war „es

für eine aussagekräftige Untersuchung leider schon viel zu spät."

(*http://grenzwissenschaft-aktuell.blogspot.de/2014/07/kornkreise-2014-erster-kornkreis-nun.html*)

Am frühen Abend des 15. Juni 2015 wurde bei Landau ein weiterer Kornkreis entdeckt, dieses Mal in einem Gerstenfeld. Von der Formation liegen nur Fotos vor, eine Begehung fand nicht statt. Das Bild oder Piktogramm bestand – erneut nach Angaben von Andreas Müller – aus fünf unterschiedlich großen und unterschiedlich breiten Ringen, die entlang einer Zentralachse angeordnet waren.

(*http://kornkreise-forschung.de/textGermany2015.htm*)

Wer mehr über Kornkreise, ihre Entstehung und ihre Erforschung lesen will, sollte zu dem Buch des Landauers Harald Hoos und seines Co-Autors Florian Brunner greifen: *Kornkreise*, Geistkirch Verlag 2005 (siehe Abbildung auf vorhergehender Seite).

# Donnersbergkreis

## *Das Gespenst vom Wildenstein*

Alte Sagen erzählen immer wieder, wie Weiße Frauen, bekrönte Schlangen oder sonstige Gespenster arme Schlucker zu unermesslichen Schätzen führen. Die einfachen Leute glaubten das wirklich. So suchte ein gewisser Johann Kapp aus Schwegenheim 1823 die Behörden auf, um ihnen mitzuteilen, dass sein zehnjähriger Sohn in der Ruine Wildenstein auf dem Donnersberg einen gespenstischen alten Mann getroffen habe, der ihn aufforderte, nach dem in der Burg verborgenen Schatz zu graben. Er, Kapp, sei daraufhin zu der Burg gefahren und habe heimlich dort gegraben – und sogar schon einige Artefakte entdeckt. Möglicherweise erhoffte Kapp sich eine amtliche Investition in die Schatzsuche, doch die Obrigkeit hatte sich längst vom Geisterglauben befreit. „Die Behörden ließen das Kind auf seinen Geisteszustand untersuchen und wiesen seinen Vater an, einem ordentlichen Broterwerb nachzugehen."

(*Jahrbuch für westdeutsche Landesgeschichte*, Band 36. Selbstverlag der Landesarchivverwaltung Rheinland-Pfalz, 2010, S. 76)

Offenbar blieb Johann Kapp ein Glücksritter, denn ein weiteres Mal ist er 1837 aktenkundig, als das in Speyer erscheinende amtliche *Amts- und Intelligenzblatt des Königlich Bayerischen Rheinkreises* am 22. März 1837 mitteilt: „Georg Adam Karn, Sattler von

Freisbach; Johann Kapp, Schäfer; Philipp Jacob Lochbaum, Ackersmann, diese drei von Schwegenheim, und Johann Heinrich Schweitzer, Hufschmied von Kandel, sind gesonnen, mit ihren Familien nach Nordamerika auszuwandern." Wer immer noch Ansprüche gegen diese Leute habe, möge sie beim Königlichen Landcommissariat zur Anzeige bringen.

## *Das Himmelszeichen von 1938*

1938 erschien über vielen Teilen Deutschlands, ja Europas, ein Nordlicht – das die Menschen am Vorabend des Zweiten Weltkriegs für ein Omen kommenden Unheils hielten. Ein zeitgenössischer Zeitungsbericht schreibt unter der Überschrift „Nordlicht über ganz Europa":

„Auf dem Lande hat das Polarlicht Anlaß zu den üblichen Befürchtungen gegeben, die sich überlieferungsgemäß an solche Naturerscheinungen zu knüpfen pflegen. Ein Nordlicht gilt auch in England als Vorbote schlechter Zeiten, als ein böses Himmelszeichen, das Unglück und Katastrophen ankündigt."

Und fügt hinzu: „In der Saarpfalz wurde das Nordlicht nur an höher gelegenen Orten beobachtet, so in Kirchheimbolanden und am Donnersberg, wo es als rote Säule sichtbar war."

Auf den leider nicht näher gekennzeichneten Ausschnitt hat mein Großvater Georg Butsch am Rand mit Bleistift geschrieben: „Gesehen am 27. Januar 1938", also war das Nordlicht auch im Rhein-Pfalz-Kreis zu sehen.

# Bad Dürkheim

## *Geisterschlacht bei Neuleiningen*

„Eine Sage aus früherer Zeit [der ersten Hälfte des zwölften Jahrhunderts] erzählt, in der Nähe von Neuleiningen sei ein Berg, aus dem in gewissen Nächten der heiligen Zeiten eine bewaffnete Geisterschaar hervorkam, um sich auf der nahen Ebene zu bekämpfen. Zu Fuß und zu Roß stritten sie gegeneinander mit großem Getöse, und das Stöhnen und Wehklagen der Verwundeten war deutlich zu hören. Mit der neunten Stunde zog das ganze Heer in den Berg zurück. Drei Jahre lang dauerte dieses Wesen, und obgleich viele Menschen herzukamen, es mit anzuhören, so wagte doch niemand dieser Geisterschlacht sich zu nähern. Da kam endlich der Abt von Limburg, ein heiliger Mann, und wartete eines Abends unter Gebet auf die Geister. In Schlachtordnung rückten sie aus dem Berge hervor, und kämpften länger und wüthender als je. Als sie zurückzogen, stellte sich der Abt ihnen gegenüber, beschwor sie im Namen Jesu Christi, Halt zu machen und ihm Rede zu stehen. Sie standen, und er fragte, wer sie seien. Da sprach einer: Wir sind die armen Seelen derer, die vor einigen Jahren im Kampfe gegen ihren rechtmäßigen Fürsten gefallen, und unbegraben an diesem Berge liegen geblieben sind. Du siehst unsere Waffen, das Flämmchen aber, das du siehst, ist das Feuer, das uns martert. Der Abt fragte, ob es nicht möglich sei, sie zu erlösen. O ja, sagte jener, durch

Burg Neuleiningen

Fasten, Beten, Almosengeben und Messelesen. Darauf schrieen alle zusammen: Betet für uns! Betet für uns! und wurden ein Feuer und eine Flamme, bis sie im Berge verschwanden. Dreißig Tage lang ließ der Abt täglich dreißig Seelenmessen lesen; dann begab er sich wieder auf das Schlachtfeld der Geister, aber diese kamen nicht mehr zum Vorschein, und statt des wilden Getöses und Klagens hörte er ihren Jubelgesang in der Höhe.“

(Friedrich Blaul: *Träume und Schäume vom Rhein*, Band 2. Speyer, Landau und Grünstadt: Neidhard 1839, S. 92)

## *Das Gespenst von Großkarlbach*

„Großkarlbach. 17. Juli [1860]. Schon seit langer Zeit spukte es in unserm Dorfe. In einer Straße, die auf den Karlbach mündet, hörten Leute, wenn sie im Dunkel der Nacht dahin kamen, ein auffallendes Schreien, ähnlich dem des Todtenvogels, und wenn sie näher schritten, ein ‚Plumpsen‘, als ob Jemand sich ins Wasser stürze. Dann war's still. Manche sahen das Gespenst schleichen, ohne es jedoch näher beschreiben zu können. Furcht ergriff die bangen Gemüther, und sogar der alte Nachtwächter, der doch schon Vieles erlebte, wagte es kaum noch, mit dem Spieße die verrufene Gasse zu beschreiten. In der vorigen Woche nun wurde das Gespenst gebannt. Bei der unter Großkarlbach gelegenen Kehr'schen Mühle sah der Mühlarzt eines Morgens ein großes Thier beschäftigt, vom Bache aus seine drei Jungen, eins nach dem andern, in eine Dohle zu schaffen. Er hat noch nie so ein Thier gesehen, läuft in die Mühle und benachrichtigt seinen Herrn. Derselbe greift sofort nach dem Gewehr und kommt auf den Platz in dem Augenblick, wo das Thier das letzte Junge eben in die Dohle zerren will. Der Schuß kracht und das Thier wälzt sich getroffen am Boden. Es war ein schöner Fischotter, Weibchen, von außerordentlicher Länge, und wog 14 Pfund. Nun wurden auch die drei Jungen eingefangen. Als die Kunde von dem Vorfall nach Großkarlbach drang, da kam man auf die Vermuthung,

Fischotter

der Fischotter könnte mit dem Gespenst in Verbindung stehen. Es legten sich einige Männer auf die Lauer; in der Nacht des vorigen Donerstag da schleichte heran – krach! und das Fischotter-Männchen fällt zusammen, ein prächtiges Thier, 17 Pfund schwer. Nun wurde es ruhig im Dorfe: denn das Gespenst – der Fischotter mit Familie – erschien nicht mehr."

(*Regensburger Zeitung*, 27. Juli 1860, S. 818)

## *Lichtphänomen über Bad Dürkheim*

Im 19. Jahrhundert (1880?) wurde über Bad Dürkheim ein Meteor beobachtet, der einfach die Richtung änderte – eine Unmöglichkeit! Sollte dies ein frühes UFO gewesen sein?

„Aus Ungstein 20. Juli wird dem ‚Dürkh. Anz.' berichtet: Gestern Abend, 5 Minuten vor halb 10 Uhr, wurde in Ungstein eine Lufterscheinung am Himmel bei hellem Mondschein beobachtet. Dieselbe trat in Gestalt eines grünfeuerigen Balls scheinbar aus einer weißen Wolke hervor, zog langsam von Süden nach Norden und verschwand nach einer scharfen Wendung nach Osten. (Auch in Ludwigshafen wurde die Erscheinung beobachtet.)"

(*Die Pfalz am Rhein*, 1980, S. 314)

## *Der Werwolf von Dirmstein*

Gibt es in der Pfalz noch Werwölfe? Diese Frage stellte ein User namens yajoi im Jahre 2006 in einem Forum im Internet.

„Es gibt in Dirmstein einen Park. Dort gibt es ein altes Herrenhaus und im Keller des Herrenhauses führte zu der Zeit des 2. Weltkrieges ein Fluchttunnel aus der Stadt heraus. In diesem Tunnel wurde ein Mädchen verschüttet, dass sie in der Grotte spielen war. Seit dem ist der Gang immernoch verschüttet.

Zwei Freunde von mir wollen nun in den Vorraum (Art Kreisaufbau) gegangen sein, mit Taschenlampen bewaffnet, wo sie eine Türpforte mit tiefen Kratzspuren fanden. Weiter im Inneren fanden sie einen erstarrte, tote Katze. Sie erzählten mir, dass sie wohl ein leise Stimme hörten, die um Hilfe rief, als sie ihr aber folgten, liefen sie eben nur immer im Kreis herum. Als sie hinter sich ein lautes ‚Schleifen auf dem Boden' hörten, drehten sie sich um und sahen nur zwei grüne leuchtende ‚Augen' etwa Hüfthoch. Sie liefen los, und rannten aus dem Park. Tagelang trauten sie sich nicht mehr in den Park. Manche Einwohner von Dirmstein erzählen, dass sie nachts auch etwas grünes, leuchtendes gesehen haben[.]

Der „klassische" Werwolf

Man sagt sich, dass das Mädchen entweder zum Wolf wurde, oder von einem beschützt wird. Diese Höhle nennt man auch die ‚Katzenaugenhöhle!'"

(yajoi, am 20. 02 2006 um 19:13 Uhr auf *http://www.allmystery.de/themen/mt22475'*)

## *Es stinkt nach Meer und platscht wie ein Wal …*

Auf der US-Basis Spangdahlem in der Eifel bei Bitburg stationiert, kehrte der Soldat Anthony Lund eines Tages (ein Zeitpunkt wird nicht genannt) mit einem Kameraden von Bad Dürkheim zu seiner Kaserne zurück. Auf dem Weg dorthin (ein Ort ist nicht genannt) hielten beide am Straßenrand, um auszutreten, da bemerkte Lund plötzlich, dass jedes Geräusch verstummt war bis auf das Plätschern eines Baches in der Nähe. Sein Freund, der sich einen anderen Platz gesucht hatte, kehrte zum Wagen zurück und meinte, es sei ihm hier unheimlich.

„… dann roch es stark nach verfaultem Fisch …"

Plötzlich rauschten de Bäume auf, als sei eine gewaltige Bö in sie gefahren, dann roch es stark nach verfaultem Fisch und schalem Salzwasser, als ginge man am Meer entlang. Als dann auch noch ein lautes Platschen zu hören war, sprangen die beiden GIs ins Auto und brausten davon!

(Anthony Lund: Strange Germany. *Fortean Times* 318, September 2014, S. 75)

## *Der Bordehut an der Jagdhaus-Ruine*

Das Jagdhaus „Speckhenrich" südlich der Straße vom Elmsteiner Ortsteil Iggelbach zum Eschkopf ist heute eine Ruine, von der kaum mehr als die Grundmauern stehen. Nach dem Heimatforscher Walter Eitelmann wurde das Forsthaus 1836 zum ersten Mal erwähnt und habe immer in einem schlimmen Ruf gestanden. Aus Angst vor dem „Bordehut", einem Gespenst, soll die Försterfamilie Guggenbühl 1850 das Haus verlassen haben, der Sitz des Försters sei dann nach Iggelbach verlegt worden. Schon vorher sei es dort nicht mit rechten Dingen zugegangen: Keine Dienstmagd hielt es lange im Forsthaus aus, und der Geist verwirrte den Förster und seine Familie so sehr, dass sie manchmal bereits samstags zum sonntäglichen Kirchgang nach

Eschkopfturm

Elmstein kamen. Den Bordehut habe man in der Dämmerung als „verwegenen Schimmelreiter" um den Brunnen des Forsthauses reiten sehen, manchmal lugte auch abends ein grinsendes Gesicht mit sonderbarer Kopfbedeckung

Sieht aus wie der Bordehut: Lon Chaney in „London after Midnight"

durch die Haustür. Der Förster versuchte ihn zu schnappen, aber stets vergebens. Schließlich war der Spuk zu viel und das Jagdhaus wurde nach Iggelbach verlegt.

Eitelmann versucht eine natürliche Erklärung für den Spuk zu finden und schlägt vor, es möge ein Wildschütz gewesen sein oder ein Gerücht, das sich um den ehemaligen Förster Kratz rankte: „Er soll im Waldgebiet Speckhenrich als Ritter mit einer blechernen Haube manches Mädchen erschreckt haben. Er war wohl der Bordehut. Dabei versicherte eine alte Frau aus der Umgebung, daß der Förster Kratz, wie sie wiederum von unterrichteten Kreisen gehört haben wollte, die Mädels nicht erschrecken wollte, sondern sie sehr gern gehabt haben soll."

(Walter Eitelmann: *Rittersteine im Pfälzerwald.* Neustadt/Weinstraße: W. Gräber 1986, S. 79)

Andere Daten liefert eine neben der Ruine aufgestellte Tafel. Danach wurde das „Jagdhaus am Speckhenrichweg" 1743 erstmals erwähnt, der letzte Förster Friedrich Hoffmann verließ das Jagdhaus am 11. Juli 1833, danach wurde es abgerissen.

Allgemein bekannt aber ist, dass die Furcht vor Gespenstern dazu geführt hatte, dass niemand mehr dort stationiert sein wollte, warum die Amtsstelle ins Dorf Iggelbach verlegt wurde.

Helmut Seebach berichtet, dass „das neu errichtete Haus des Iggelheimer Revierförsters nicht bezogen werden [konnte], weil keine Mägde bereit waren, dort Dienst zu tun. Der Standort galt als verrufen, und das Haus wurde schließlich sogar abgerissen". Das bezieht sich wohl auf denselben Spuk, nur dass bei Iggelheim eine Verschreibung von Iggelbach vorliegt.

(Helmut Seebach: *Sagen in der Pfalz. Geister, Hexen, Teufel.* Bachstelz-Verlag 1996, S. 143)

Es wäre auf jeden Fall eine lohnende Aufgabe für Ghostbusters gewesen!

Elmstein

## *Die Zauberstadt bei Iggelbach*

In der *Pfälzer Bürgerzeitung* vom 17. August 1920, Nr. 192, gibt Herr Dr. C. Mehlis einen wahrhaft fabelhaften Augenzeugenbericht wieder, der ihm vom Herrn Lehrer Egobert Bender zu Speyerbrunn bei Elmstein gemeldet wurde:

„Am Mittwoch, den 28. Juli 1920 abends gegen 7 Uhr waren mehrere (9) ältere Schulkinder von Speyerbrunn mit Heidelbeerpflücken auf dem großen Felsen der Bloskülb beschäftigt, ein Bergmassiv, das sich zwischen Elmstein, Speyerbrunn und Iggelbach bis zu 544 Meter Meereshöhe erhebt. Plötzlich sahen sie alle deutlich und klar im Westen nach der untergehenden Sonne zu, und zwar rechts von dieser, einen großen Fluß mit einem Schiff darauf. An seiner Mündung stand nahe einer Stadt eine Burgruine, ähnlich der Elmsteiner Burg. Ferner erblickten die Kinder einen großen Wald und in der Nähe eine zweite größere Stadt mit einem hohen Kirchturm: ‚Alles in gelblichem Lichte.' Die Sonnenscheibe war hierbei sehr groß und der Gehalt der Luft an Feuchtigkeit sehr stark. – ‚Das Bild sahen die Kinder etwa eine Viertelstunde lang. Dann fürchteten sie sich und gingen heim. Dann wurde es düster!' Herr Lehrer Bender bemerkt dazu, daß der Bericht seiner Schulkinder, welche die 5., 6. und 7. Klasse besuchen, völlig glaubwürdig ist."

(nach: Dr. Daniel Häberle: Eine Fata Morgana im Pfälzerwald. In: *Pfälzisches Museum – Pfälzische Heimatkunde*, Band 38. 1921, S. 28)

Dr. Häberle deutete diese Vision als Luftspiegelung.

„Die zwei Städte und die Ruine, die Einmündung eines Flusses in einen Hauptstrom sowie die Himmelsrichtung W. N. W. stimmen am besten auf Conz an der Mündung der Saar in die Mosel sowie auf die Stadt Trier mit seinem hochragenden Dombau" – 104 Kilometer von Elmstein entfernt. „Auf diese Weise läßt sich vielleicht auch die Sichtbarkeit der Alpenkette von der Kalmit aus (673 Meter) erklären, wenn man nicht der mathematischen Aussichtsweite zustimmen will. Beobachtet wurde auch diese Bergkette zweimal bei Sonnenuntergang, wobei die Sonnenscheibe rechts vom Alpenzug stand und die Rheintalebene im Nebel lag."

Daniel Häberle führt noch einen Brief an, den er von Prof. Dr. Wolf, dem Direktor der Sternwarte Heidelberg erhielt. „Zwischen 1892 und 1896 hat der hier tätige Herr Dr. Mündler von Worms aus eine sehr schöne Fata Morgana gesehen, die damals von sehr vielen Leuten beobachtet wurde und großes Aufsehen mit Zeitungsartikeln hervorrief. Die gespiegelte Gegend soll damals Bonn gewesen sein."

## *Die Melk-Schlange*

In ganz Deutschland kennt man die Sage von der Bäuerin, die ihre Kuh beim Melken trocken vorfindet, sich auf die Lauer legt und eine Schlange dabei erwischt, wie sie sich an den Euter der Kuh hängt und diesen leer saugt (Zoologen versichern übrigens, dass Schlangen weder Milch vertragen noch Kühe melken).

Manchmal melkt die Natter auch keine Kuh, sondern eine Ziege oder sogar eine stillende Mutter. Aus der Pfalz, aus dem Elmsteiner Tal, ist eine sehr ausgearbeitete Variante dieser Geschichte überliefert:

„Auf dem Harzofen, einem kleinen Hofe bei Kaiserslautern, wohnten einst arme Leute, die hatten ein kleines Kind und ein paar Ziegen. Wenn nun die Frau in den Wald ging, um Gras für die Tiere zu holen, setzte sie das Kind auf den Boden und gab ihm zu essen. In dem Stubenboden aber waren Löcher und daraus kam jedes Mal eine Schlange und aß mit dem Kinde. Und weil sie immer die Brühe trank, hieb die Kleine ihr mit dem Löffel auf den Kopf und sagte: ‚Na du, eß net lauter Brie (Brühe), eß a Nocke (Brocken)!' An einem andern Tage hatte die Frau wieder dem Kinde zu essen gegeben und wollte fortgehen. Da hörte sie vom Hausgange aus plaudern, guckte zum Schlüsselloch hinein und sah die Schlange, die mit dem Kinde aß. Als das Tier sich entfernt hatte, ging auch die Frau weg. Am darauffolgenden Tage tat sie wie früher, rief aber zuvor die Nachbarsleute herbei und die sahen nun auch das Kind mit der Schlange. Sie gingen hin und schlugen das Tier tot und von der Zeit an ließ sich keine Schlange mehr sehen."

(F. W. Hebel: *Pfälzisches Sagenbuch*. E. Crusius, 1912, S. 63)

Etwas Ähnliches soll sich bei Weierbach nahe Idar-Oberstein, westlich vom Donnersberg, tatsächlich ereignet haben:

„Man hatte schon lange bemerkt", schreibt die britische *Whit Gaz[ette]* am 18. Juli 1913, „das eine Geiß, die einem Bürger dieser Stadt gehörte, verschiedene Verletzungen am Euter aufwies, die sich ihr Besitzer nicht erklären konnte. Als er dann eines Morgens den Unrat vor die Tür trug, fand er darin eine Schlange, die er rasch erschlug. Weil er diese Schlange im Verdacht hatte, die Verletzungen am Euter verursacht zu haben, schnitt er sie auf und fand in ihrem Magen etwa eine halbe Teetasse einer Flüssigkeit, bei der es sich zweifellos um Milch handelte. Und als hätte ein letzter Beleg noch gefehlt, begannen die Wunden am Euter der Ziege daraufhin zu heilen und verschwanden endlich endgültig."

## *Einsatz in Elmstein*

Feuerwehren aus Neustadt wie den Kreisen Bad Dürkheim und Kaiserslautern rückten am 20. Dezember 1995 aus, als gemeldet wurde, ein US-Hubschrauber habe Zusatztanks über Iggelbach verloren. Ein Helikopter, der im Militärhospital Landstuhl stationiert war, hatte auf dem Flug zwischen Trippstadt und Johannis-

Johanniskreuz

kreuz aus dreißig Metern Höhe über dem Boden zwei Treibstoffbehälter mit jeweils 1.600 Liter Kerosin verloren. Die Kanister waren auf dem Boden geplatzt. Warum der Helikopter die Tanks abgeworfen hatte, war von den Amerikanern nicht zu erfahren. (*Die Rheinpfalz*, 21. Dezember 1995)

Ob in dreißig Jahren jemand die Erinnerung an diesen Zwischenfall entdeckt und einen weiteren UFO-Absturz bei Ramstein „aufdeckt"?

# Neustadt an der Weinstraße

## *Meteor von Neustadt*

Drei Mal gab es über Neustadt himmlische Erscheinungen:

1057: „Meteorsteine und strenger, schneereicher Winter."

1840: „17. Febr. Morgens um 4 Uhr wird hier ein Meteor beobachtet, eine große feuerige Kugel, welche an heiterem Himmel einen breiten Feuerstreif hinterläßt, die ganze Gegend beleuchtet und plötzlich lautlos verschwindet."

(Friedrich Jakob Dochnahl: *Chronik von Neustadt an der Haardt nebst den umliegenden Orten und Burgen, mit besonderer Berücksichtigung der Weinjahre.* Neustadt a. d. Haardt: Gottschick-Witter 1867, S. 19, 274)

Hambacher Schloss

„Am 30. Juli [1871] Abends 9 Uhr wurde zu Neustadt a/Hardt (Rheinpfalz), eine Feuerkugel in Vollmondgröße am Himmel beobachtet; wahrscheinlich dieselbe Erscheinung wurde an demselben Abend um 9 Uhr 20 Minuten in Hof gesehen.“

(*Zeitschrift des Landwirthschaftlichen Vereins in Bayern: zugl. Organ d. Agrikultur-Chemischen Versuchsstationen Bayerns*, Band 63. 1873, S. 320)

# Südliche Weinstraße

### *Würgeschlange am Slevogthof*

Einen schönen Schreck bekam wohl eine Urlauberin, die im Herbst 2011 nördlich des Slevogthofes bei ihrem Spaziergang am Waldrand auf eine 1,5 Meter lange und 15 Zentimeter dicke Boa constrictor traf! Sie verständigte die Polizei, diese wiederum den Zoo in Landau, von wo Mitarbeiter des Reptiliums die Würgeschlange gefangen nahmen. Die Boa constrictor stammt ursprünglich aus Südamerika.

(*Die Rheinpfalz*, 5. Oktober 2011)

Slevogthof

### *UFO-Absturz bei Edenkoben*

„Ein unbekanntes Flugobjekt (Ufo) glaubte ein Winzer aus Weyer bei Edenkoben (Südliche Weinstraße) zu sehen. Aus heiterem Himmel ging es auf seinem Weinberg nieder. Ein Plastikkasten hing an einem Drachen, der über einem geplatzten Ballon befestigt war. Das Gehäuse trägt eine französische Aufschrift: ‚Radiosonde francais', also französische Radio-Sonde. Die Polizei nimmt an, daß es sich um ein Meßgerät einer Wetterstation in Frankreich handelt."

(*Mannheimer Morgen*, 17. Februar 1982; *CENAP Report* 75, S. 14)

## *Das Krokodil von Böbingen*

Die Sensation des Sommers 2001 war ein Krokodil im Rhein, das auch bei Speyer gesichtet wurde. Anfang Dezember rief dann ganz aufgeregt eine 60-jährige Frau aus Böbingen bei der Polizei in Landau an: „Das Krokodil, das im Rhein gesehen wurde, sitzt hier am Triefenbach." Polizisten rückten aus, näherten sich vorsichtig – und sahen am Ufer des kleinen Baches ein rund vierzig Zentimeter langes Krokodil mit weit aufgesperrtem Rachen sitzen. Ein Beamter erklärte den ersten Schreck: „Es sah absolut echt aus, auch aus nächster Nähe." Dann aber stupste ein beherzter Polizist die Panzerechse mit einem Stock ... und sie fiel um, denn das Krokodil war aus Plastik!

(*Bild*, 12. Dezember 2001, S. 7; dort fälschlich „Böblingen" statt Böbingen)

## *Die Wunderquelle von Ranschbach*

Ranschbach ist ein kleines Dorf mit 660 Einwohnern. Am Ortsrand liegt unterhalb des Neukasteler Bergs die Kaltenbrunn-Quelle, wohin Menschen seit dem Mittelalter zur Marienverehrung pilgern. Die Quelle „Unserer Lieben Frau Zu Kaltenbrunn" wurde Anfang der 1970er restauriert und neu geweiht. Die einheimischen Legenden berichten, ohne Datum und Namen, von einer Wunderheilung dort.

Doch dann hörte im Frühjahr 1983 ein *Bild*-Reporter auf der

Suche nach neuen Sensationen diese Tradition und verarbeitete sie zu einer „Nachricht“ nach dem Geschmack seiner Arbeitgeber. Er nannte Namen und Daten, und *Bild* verbreitete diese Geschichte in der ganzen Nation. Ein unheilbar kranker Mann sei nach dem Besuch der Quelle wieder gesund gewesen, wurde berichtet. Nun traf diese Nachricht die Nerven der bereits wundergewöhnten *Bild*-Leser, und schnell wurde eine weitere Story nachgezogen, nach der ein amerikanischer Millionär an der Quelle geheilt worden sei und dafür eine prachtvolle Kapelle gespendet hätte. Das reichte aus:

Innerhalb weniger Wochen pilgerten über 200.000 Menschen zu dem Ort, um das „Heilwasser“ zu trinken. Roma und Sinti, Türken und Deutsche gaben sich ein Stelldichein. Ein 72-jähriger Mann und eine 86-jährige Frau starben vor Erschöpfung in den kilometerlangen Warteschlangen. Der Quellbereich wurde durch eine Steinmauer gestärkt, aber die Pilger waren einfach zu viele. Am 19. März musste die Quelle geschlossen werden, und das Wasser konnte nur noch in von Beamten abgefüllten Tanks gegen Entgelt bezogen werden. Die Einheimischen beschwerten sich über den Lärm und den Schmutz, den die Schaulustigen verursachten, aber bald überwog das Gefühl für die Vorteile der Situation: Man plante ein 150-Betten-Hotel und Maßnahmen zur weiteren Verbreitung der Wundermär. Die Leute schickten dicke Briefe mit Geld für Wasser, und ein Dieb, der ins Postamt einbrach, entkam mit einer fetten Beute. Die Polizei konnte nicht einmal vermuten, wie hoch die Summe gewesen sein könnte, doch es musste schon „sehr viel“ gewesen sein.

„Bei Gott ist kein Ding unmöglich“
in: DER SPIEGEL 13/1983

Um diesen Wahnsinn zu beenden, erklärte Johannes Maria Dörr, der Speyerer Domkapitular, dass nie eine Heilung stattgefunden habe, dass das Wasser keinerlei Heilqualitäten besitze und dass sich die Kirche weigere, die Echtheit des Wunders anzuerkennen.
Das öffentliche Interesse erlahmte gegen Ende des Jahres, keine weiteren Heilungen wurden berichtet. Die Pläne für das Hotel wurden aufgegeben und Ranschbach war wieder das verträumte Dorf von ehedem.

(*Der Spiegel*, 28. März 1983, S. 74; *Cenap Report* 123, S. 35)

## *Schatzsuche im Trifels*

Man glaubte früher, dass verborgene Schätze von einer Seele im Fegefeuer gehütet wurden; fand man also einen lange verborgenen Schatz, konnte man den gepeinigten Geist befreien. Aus diesem Grunde konnten Schatzgräber ihre Taten unter dem Vorwand der Erlösung des Totengeistes noch als frommes Werk hinstellen.

Burg Trifels

Im Trifels erhofften sich die Schatzgräber besonders reiche Beute. Vermutlich war das der Erinnerung daran geschuldet, dass dort im Mittelalter vorübergehend die Reichskleinodien, der Normannenschatz, die Mitgift der Konstanze von Sizilien und viele andere Reichtümer aufbewahrt worden waren. Jedenfalls munkelte man von einem geheimnisvollen unterirdischen Gang, der die Burgen Trifels, Anebos und Münz miteinander verband, raunte von den eingemauerten Schätzen im Bade Barbarossas.
Ein Mann, der im Sommer 1723 diese Schätze bergen wollte, ließ sich sein Unternehmen vom Herzog Gustav Samuel von Zweibrücken legalisieren, der ihm sogar ei-

nen schriftlichen Erlaubnisschein ausfertigte, der ihm die Schatzhebung gestattete. Der Schatzgräber gab dem Herzog gegenüber an, sein Hauptziel sei nicht der finanzielle Gewinn, sondern die Erlösung der Gespenster, die im Trifels umgehen mussten. Den Schatz wolle er „mit Gottes Hilfe zu Tage fördern", natürlich würde das auch für den Landesherrn materiellen Gewinn abwerfen.

Aber trotz des Einsatzes einer Wünschelrute zum Aufspüren einer versteckten Höhle blieb der Schatz unauffindbar.

(Albert Pfeiffer: Schatzgräberei in der Pfalz. *Der Pfälzerwald*, Nummer 2. 1914, S. 28–34; *Pfälzisches Museum. Pfälzische Heimatkunde.* Band 31, 1914, S. 12; Helmut Seebach: *Sagen in der Pfalz: Geister, Hexen, Teufel.* 1996, S. 214; Johannes Dillinger: *Zauberer – Selbstmörder – Schatzsucher: magische Kultur.* 2003, S. 231; *Jahrbuch für westdeutsche Landesgeschichte.* Band 36, 2010, S. 65)

## *Meteor bei Dahn, Krater bei Worms?*

Am Morgen des 19. Juli 1932 zwischen 3.30 Uhr und 3.45 Uhr beobachteten viele Augenzeugen über der Pfalz und in den Nachbargebieten bei hellem Mondschein einen Meteor, eine von Norden nach Süden ziehende feurige Kugel mit einem kometartigen Schweif. Sekundenlang war die Nacht taghell, dann zerplatzte der Himmelsbesucher mit einem starken Knall. Den Berichten zufolge haben „die Häuser gezittert und die Fenster geklirrt".

Rasch meldeten die Zeitungen, es sei ein Einschlagskrater „in einem Walde, etwa 3 km in südwestlicher Richtung von Worms gefunden [worden], und zwar in einem mächtigen Loch von etwa 3 m Durchmesser, das ringsum von wie durch Blitzschlag zersplitterten und geknickten Bäumen umgeben" sei. Das ließ sich nicht bestätigen.

Der Heidelberger Astronom Prof. Dr. Daniel Häberle wertete daraufhin die Augenzeugenberichte aus: „Als aber den Zeitungen nach und nach auch aus der Südpfalz (Bergzabern, Schönau, Pirmasens) Beobachtungen über diese Erscheinung bekannt wurden, lag die Vermutung nahe, daß der Einschlagsort eher im südlichen Pfälzerwald, möglicherweise sogar im benachbarten Elsaß zu suchen sein könnte. Längere Zeit bildete der Meteorit das Tagesgespräch und trotz der Aussichtslosigkeit, einzelne Bruchstücke in den Wäldern zu finden, machten sich besonders Eifrige doch auf die Suche. […] Wo und wann er zuerst aufleuchtete, ist schwer zu sagen. Es dürfte dies über Westfalen gewesen sein, denn er wurde bereits in Meiningen (Thüringen) und in Eltville a. Rh. beobachtet. Er kam dann über Pfälzer Gebiet zuerst in der Gegend von Kirchheimbolanden in einer Höhe von fast 40 km, überflog den Pfälzerwald, wobei der Weg ziemlich genau über die Mitte zwischen Kaiserslautern und Dürkheim ging, und kam – gebremst durch die immer stärker werdende Reibung an der Luft – zum Stillstand über der Gegend südlich von Annweiler, zwischen Bergzabern und Dahn. Dabei hatte er am Ende seines Flugs noch immer eine Höhe von 14 km. Es ist kein Zweifel, daß das Ende noch über Pfälzer Gebiet lag. Der ganze Weg über die Pfalz hinweg wurde zurückgelegt in der kurzen Zeit von 4 Sekunden: das gibt eine Geschwindigkeit von 16 km in der Sekunde. Viele Augenzeugen berichten, daß sie das Meteor am Ende seines Fluges in mehrere, sogar in viele Stücke haben zerplatzen sehen. Da die Gegend, über der das Meteor zum Stillstand kam, dicht bewaldet ist, besteht nur wenig Aussicht, etwas davon zu finden, besonders wenn es sich um viele kleine Bruchstücke handelt. Bis jetzt ist auch noch kein einwandfreier Fund gemeldet worden."

(Daniel Häberle: *Jahresberichte und Mitteilungen.* Oberrheinischer Geologischer Verein, Stuttgart 1933, S. 1–3)

# Mannheimer Sagen und Geschichten

**Von**
**Adalbert Votteler**

Mannheim – eine Stadt mit Geschichte und Geschichten

Softcover, DIN A5, 148 Seiten
ISBN 978-3-939233-48-0
EUR 9,95

## *UFOs über der Südlichen Weinstraße*

Am 27. Februar 2001 war Herr O. aus Bad Bergzabern um 19.30 Uhr mit seiner Frau unterwegs zu einer Fasnachtsparty, als beide in einem kleinen Park plötzlich über den Bäumen die Mondsichel sahen – und daneben, „eine Faustbreit rechts neben dem Mond", ein extrem helles, strahlendes Licht. Beide wunderten sich, weil „so etwas neben dem Mond noch nie da war, sieht aus wie ein kleiner Mond neben dem Mond – das ist doch nicht normal". War es allerdings doch – damals stand rechts neben dem Mond die Venus.

(*Jufof* 134, 2/2001, S. 42)

Vier Jahre später, am 7. August 2005, beobachteten ein Herr S. und mehrere zusätzliche Zeugen während eines Straßenfestes in Venningen „drei punktförmige Objekte am Himmel, die mit gleichmäßiger Geschwindigkeit und etwa gleichem Abstand voneinander in südliche Richtung flogen. Sie seien in großer Entfernung nacheinander ‚ausgegangen'. Während des Fluges habe man so etwas wie Funkenflug sehen können."

(*http://www.ufo-datenbank.de/gep/print_gast.php?id=173*)

Am 22. Mai 2009 hatte der Fotograf Sven Z. gar nichts bemerkt, als er beim Wandern ein paar Landschaftsfotos bei Silz schoss – aber ein halbes Jahr später bemerkte er beim genaueren Betrachten, dass eines der Fotos ein graues, flaches Objekt zeigte. War es ein UFO? Vergrößerungen der UFO-Experten der Forschungsgruppe GEP (Gesellschaft zur Erforschung des UFO-Phänomens e.V.) enthüllten, dass es sich um einen Vogel handelte, der vor die Linse gekommen war – auf dem Bild konnte man sogar die verschwommenen Flügel sehen.

(*Jufof* 188, 2/2010, S. 40)

Tatsächlich ein Raumschiff beobachtete Andreas S. am 18. Oktober 2009 genau um 21.08 Uhr über Herxheim. Der Zeuge sah ein „dreieckiges Objekt mit verschiedenfarbigen Lichtpunkten an den Außenkanten. Im Abstand von ca. 10 km flog ein weiteres Objekt hinterher. […] An der hinteren Seite dieses Objektes bildete sich eine Art weiße Wolke, die mitflog und nach oben strahlte."

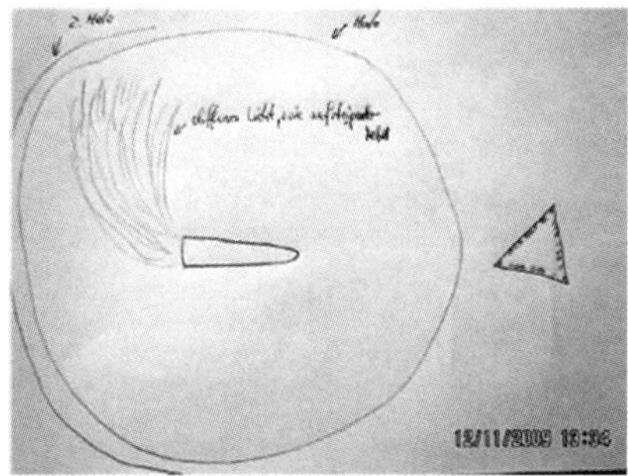

Seine Zeichnung zeigte das bunte Dreieck und ein Apollokapsel-artiges Objekt mit Schweif in einer Art Halo. Aber nicht nur Andreas S. sah das: Das Objekt wurde am gesamten Oberrhein und darüber hinaus beobachtet, auch in Norddeutschland und Frankreich.
Es handelte sich um eine vom US-Stützpunkt Vandenberg abgeschossene Atlas-V-401-Rakete, die den militärischen Wettersatelliten DMSP F18 im All absetzte. Bei der zweiten Erdumkreisung über Europa lagen Rakete und Satellit noch eng beieinander, und die Rakete ließ Treibstoff ab – das große Halo, das die Zeugen bemerkt hatten.

(*Jufof* 188, 2/2010, S. 34 f.)

# Kaiserslautern Stadt und Land

## *Der Hecht im Kaiserwoog*

Die Geschichte vom Hecht im Kaiserwoog bei Kaiserslautern ist eine der bekanntesten pfälzischen Sagen.
Kaiser Friedrich II. setzte höchstselbst im Jahr 1230 einen Hecht in einen Fischteich bei seiner Pfalz zu Kaiserslautern und legte ihm ein goldenes Halsband mit einer griechischen Inschrift an. Der Teich war reichlich bestückt mit wohlgenährten Fischen, so ging es dem Hecht gut, und er wurde immer fetter und immer größer. Anno 1497 fing Kurfürst

Ruine Kaiserpfalz in Kaiserslautern

Philipp den Fisch und schickte ihn ins Schloss zu Heidelberg, wo er gekocht, serviert und aufgegessen wurde. Der Wormser Bischof und frühere Kanzler des Kurfürsten, Johann Kämmerer von Worms, Freiherr von Dalberg, verstand Griechisch und konnte die Inschrift auf dem goldenen Reif entziffern: „Ich bin unter allen Fischen der erste, der durch die Hände Kaiser Friedrichs II. in diesen Woog gesetzt worden ist, den 5. Oktober 1230."

Der Raubfisch hatte sich also 267 Jahre lang in dem Weiher gelabt und war zu der stattlichen Größe von 19 Werkschuhen (rund 6 m) und zu dem enormen Gewicht von 350 Pfund herangewachsen. Damit der wundersame Fang für immer im Gedächtnis blieb (der Fisch selbst war ja längst verschlungen), wurden Fisch und Ring porträtiert und das Gemälde im Schloss zu Lautern aufbewahrt. Ein Text erklärte die Darstellung: „Dies ist die Größe des Hechts, so Kaiser Friedrich II., dieses Namens der Ander, mit seiner Hand zum ersten in den Woog zu Lautern gesetzt und mit solchem Ring bezeichnet hat anno 1230, ward gen Heidelberg gebracht den 6. November anno 1497, als er darin gewesen war 267 Jahr."

(F. W. Hebel: *Pfälzisches Sagenbuch.* E. Crusius 1912, S. 262)

Die Gräten des Hechtes aber wurden präpariert und in die Kurpfälzische Residenzstadt Mannheim gebracht: „Zu Kaiserslautern in der Pfalz fing man einen Hecht, der 19 Fuß lang war und 350 Pfund wog; sein kolossales Skelett wird zu Mannheim, seine Abbildung zu Kaiserslautern aufbewahrt."

(*Jurende's vaterländischer Pilger im Kaiserstaate Oesterreichs: Ein Nationalkalender für alle Provinzen d. Oesterreich. Gesammtreiches: allen Freunden d. Kultur aus d. Lehr-, Wehr- u. Nährstande; vorzügl. allen Natur- u. Vaterlandsfreunden geweiht; als e. Versuch zur Verbesserung d. Kalenderwesens.* Band 18, 1831, S. 235)

Später gab es Konfusion um den Fang: Der große Renaissance-Gelehrte Conrad Gesner meldete in seinem Fischbuch, man habe den Monsterhecht in einem „stehenden Wasser [...] in Schwaben [bei] Heilbron“ gefangen, und Gelehrte diskutierten über den Ursprung des Fisches. Der Universalgelehrte Zedler übernahm Heilbronn als Fundort in seinem *Grossen Universal-Lexicon aller Wissenschaften und Künste.*

(Halle und Leipzig 1739–1742, Band 12, Sp. 1035)

Doch ein „R – m“ stellte die Sachlage 1784 endgültig klar,

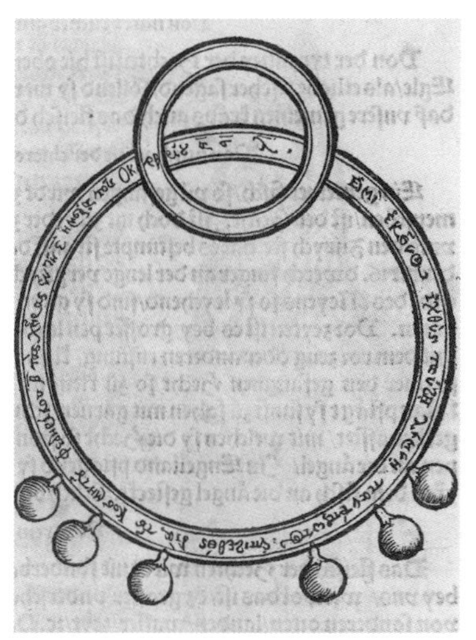

Ring mit griechischer Inschrift (Abb. Gesners Fischbuch, 1558)

indem er darauf verwies, dass auch der Ring noch erhalten war: „Ja ich kann es nicht nur dadurch beweisen, daß der Hecht nebst Ring, und dessen Innschrift noch im Lautrer Schlosse, welches Kaiser Friedrich I, oder Barbarossa, sonst auch der Rothbärtige genannt, erbauet hat, abgemahlt, der Ring aber zu Mannheim im Originale vorhanden sey.“

(R – m: *Näherer Beweis vom großen Hechte zu Kaiserslautern. Physicalische Zeitung aufs Jahr 1784.* Verlegt bei Traupe, November 1784, S. 1 f.)

Heute sind sowohl das Skelett des Riesenfisches wie auch der angeblich von Barbarossa gefertigte goldene Ring längst verschollen, zumindest die Gebeine des uralten Hechts sollen aber noch im 19. Jahrhundert in der Jesuitenkirche in Mannheim ausgestellt gewesen sein. Dort habe sie „ein berühmter deutscher Anatom“ untersucht – und festgestellt, dass es sich um eine Fälschung handelte, zusammengesetzt aus den Gräten gleich mehrerer großer Hechte.

(Gerald L. Wood: *The Guiness Book of Animal Facts and Feats.* London: Guinness 1976, S. 152)

Auch der Kaiserwoog ist heute längst ausgetrocknet, nur noch der Straßenname „Am Kaiserwoog“ erinnert an ihn.
Wen das Thema noch mehr interessiert, der findet Varianten und eine biologische Beurteilung der Sage in dem Wikipedia-Artikel „Sage vom Hecht im Kaiserwoog“.

## *Die Frau, die eine Blindschleiche zur Welt brachte*

„Das Museum von Kaiserslautern besitzt davon [von der Blindschleiche] ein Exemplar, welches laut Zeugniß des einsendenden Bezirksarztes aus dem Leibe einer Frau abgegangen ist.“

(*Bavaria, Landes- und Volkskunde des Königreichs Bayern bearbeitet von einem Kreise bayerischer Gelehrter*. 4. Band. München: J. G. Cotta'sche Buchhandlung 1867, S. 147)

Vor den Erkenntnissen der modernen Gen-Forschung galt als herrschende „naturwissenschaftliche“ Erklärung von Missgeburten das sogenannte „Versehen“. Man nahm an, dass ein Schreck oder eine starke Vorstellung während

der Schwangerschaft das Aussehen des Embryos prägte. Dieses falsche Konzept findet sich in medizinischen Fachtexten übrigens noch bis ins 19. Jahrhundert (vgl. Zeitschrift für Anomalistik 8, 2008, S. 196).
In diesem Zusammenhang konnte man tatsächlich noch um 1867 ernstlich glauben, dass eine Frau eine Blindschleiche gebar.

## *Die Wahrsagerin von Frankenstein*

So wie in der Bonner Republik Madame Buchela, die „Wahrsagerin von Bonn“ oder „Pythia vom Rhein“ ständig in den Schlagzeilen war, so galt eine Frau aus dem Raum Kaiserslautern im 19. Jahrhundert als allwissendes Orakel. Das nachfolgende Zitat bezieht

Burg Frankenstein

sich zuerst auf eine Redewendung im 19. Jahrhundert, Napoleon habe die Gespenster aus der Pfalz vertrieben:

„Die Pfälzer sagen freilich, die Französische Revolution habe allen Aberglauben aus dem Lande gespült; es ist aber doch noch vor wenigen Jahren in einer sehr ‚aufgeklärten' Gegend der Pfalz eine alte Frau schwer mißhandelt worden, weil sie für eine Hexe galt, und Mancher, der vor nunmehr fünfundzwanzig Jahren zum Hambacher Feste zog, um dort seinen pfälzischen Freisinn hell leuchten zu lassen über das ganze Land, hat vielleicht unterwegs bei der damals weitberühmten Wahrsagerin von Frankenstein sich Raths erholt über die Dinge, die da kommen sollten."

(Wilhelm Heinrich Riehl: *Die Pfälzer: Ein rheinisches Volksbild.* Stuttgart und Augsburg: J. G. Cotta 1857, S. 109)

Der Heimatforscher Heinz Friedel hat das Leben dieser Frau untersucht und seine Ergebnisse unter dem Titel „Die Wahrsagerin von Frankenstein" 1985 im *Heimatjahrbuch des Landkreises Kaiserslautern* (S. 120–123) veröffentlicht.

## *Soldaten marschieren am Himmel*

„Aus der Pfalz, 4. Nov. [1850] Dem ‚Mainzer Journal' wird berichtet, daß man in der Gegend von Landstuhl in der vorigen Woche mehrere Tage lang Abends zwischen Tag und Dunkel sonderbare Lufterscheinungen gesehen zu haben behaupte.

Es sei eine ganze Schlacht von zwei Heeren zu schauen gewesen; unten als Grundlage große rothe Wolkenstreifen, darauf Soldatenmassen, die so nahe standen, daß man deutlich die Kleidung, die Form der Kopfbedeckung etc. unterscheiden konnte. Die ganze Erscheinung war über eine Stunde lang zu sehen. An der Spitze des siegenden Zuges befand sich ein großes Kreuz. Möge, bemerkt der Berichterstatter des ‚Mainzer Journals' dazu, an diesen Luftgebilden sein was da wolle, so erinnern sie doch an unstreitbar vorgekommene Erscheinungen aus früherer Zeit und erwecken ernste Gedanken über die nicht bloß am Himmel, sondern auch auf Erden erscheinenden Zeichen der Zeit."

(*Landshuter Zeitung*, 12. November 1850, S. 1071 und *Donau-Zeitung*, Passau, 14. November 1850, S. 1)

## ***Bei den Amerikanern spukt es!***

In der Panzer-Kaserne in Kaiserslautern soll man in den Räumen nachts, wenn die Lichter ausgeschaltet sind, immer wieder schwere Tritte hören können, die eine Treppe hochsteigen, oder Rascheln wie von Papier, das man zusammenknüllt.

In dem Gebäude, das als Bürofläche genutzt wird, ist es an vielen

Stellen unheimlich kalt und die Menschen dort übermannt ein Gefühl der Angst. Besonders deutlich zu spüren – so die amerikanische Internet-Seite *Shadowlands* –, sei der Spuk im dritten Stock.
(*http://www.theshadowlands.net/places/germany.htm*)

In den Schlafzimmern des Sicherheitsdienstes der Ramstein Air Base spukt es, glaubt man derselben Quelle, ebenfalls. Geister öffnen und schließen die Fenster. Einmal sollen sie einen der Bewohner in einen Schrank eingeschlossen haben. Er beging darauf Selbstmord.

## *Zwei fliegende Untertassen über Kaiserslautern*

Am 26. März 1954 erhielten zwei Düsenjäger des 86. Jagdbombergeschwaders den Auftrag, über dem Luftwaffengelände bei Landstuhl nach einem „nicht identifizierten fliegenden Gegenstand" zu fahnden. Sie kamen gerade von einem Übungsflug zurück, auf Bodenbeobachtungen hin wurden sie in den fraglichen Luftraum geleitet. Unter dem amerikanischen Bodenpersonal wollten zahlreiche Beobachter das „fliegende Objekt" hell und schnell über den Himmel ziehend gesichtet haben. Das 86. Bombergeschwader verweigerte eine Auskunft auf die Frage, ob der „fliegende Gegenstand" auf dem Radarschirm erfasst worden war. (*Rhein-Neckar-Zeitung*, 1. April 1954)

Sieben unabhängige Augenzeugen in Kaiserslautern wollen am 2. September 1958 zwischen 21.05 und 21.38 Uhr eine „Fliegende Untertasse" gesehen haben. „Vom Kommandoturm des nahe gelegenen Flugplatzes Ramstein-Landstuhl wurde auf Rückfrage erklärt, daß hier keine solche Beobachtung gemacht wurde und daß auch kein unbekannter Flugkörper im Radarschirm erfaßt worden sei. Die Erscheinung wurde von den [...] Kaiserslauterer Augenzeugen übereinstimmend als ein gelb-rot leuchtendes Flugobjekt geschildert. [...] Der Flugkörper, von dem im Stillstand senkrechte Strahlen auszugehen schienen, wurde in Kaiserslautern beobachtet, wie er aus nördlicher Richtung anflog, dann mit geringer Geschwindigkeit nach Westen abdrehte, wieder zurückkehrte, um wieder nach Westen sehr schnell weiterzufliegen. Alle Beobachter hatten den Eindruck, daß sich das unbekannte Flugobjekt in einer Höhe bewegte, die normale Flugzeugtypen nicht erreichten."

(*Hattinger Zeitung*, 5. September 1958)

SF-Magazin aus den USA

## *UFO-Absturz von Landstuhl*

In seinem Buch *Der Tag nach Roswell* meldete der amerikanische Colonel Corso 1997, die Air Base Ramstein hätte Ende der 1950er, Anfang der 1960er-Jahre mit Radar mehrere Überflüge durch unerklärliche UFOs registriert. Einmal, im Mai 1974, hätten die US-Soldaten aber Glück gehabt und ein vorüberziehendes UFO mit einer Luftabwehrrakete abschießen können. Das fremde Raumschiff trudelte und stürzte in ein Tal bei Ramstein, wo es – die Bevölkerung merkte nichts davon – geborgen und dann in die USA zur Nellis Air Force Base in Nevada gebracht wurde.

Gegenüber dem UFO-Forscher Ed Komarek bestätigte ein anonymer Zeuge diesen Vorfall. Es handelte sich um den Einsatzleiter einer XM163 Towed Vulcan, der von Februar 1973 bis November 1974 in Ramstein bei der

4. Squad 4. Platoon in B Battery 2/60 ADA 32. AADCOM stationiert gewesen war. Die Geschichte ist seltsam und mysteriös genug, wie wahr sie ist, kann man leicht an den Details ersehen.

Es war die Nacht vom 23. auf den 24. Mai 1974. Die Männer des 4. Platoon, Bravo Company, B-Bataillon und des 2. Regiments des 32. Air Defense Command der US-Armee befanden sich auf einem Bergpass nordöstlich des Luftwaffenstützpunkts Ramstein, nur wenige Kilometer von „einem durch Menschen errichteten Berg entfernt, dem Landstuhl, wo Adolf Hitler sein unterirdisches Hauptquartier hatte." Von diesem Hauptquartier führte eine unterirdische Straßenbahn nach Ramstein. „Direkt neben uns lag das von der deutschen Regierung betriebene, mehrstöckige Bordell." First Lieutenant Robert Cardeni aus Long Beach, Kalifornien, befehligte die 4. Platoon, Captain Michael J. Shestak die Bravo Company. Die Männer waren alle durch einen zehntägigen Dauereinsatz erschöpft, bei dem sie sich alle 72 Stunden mit anderen Einheiten abwechselten. Eine Hälfte der Soldaten war wach, die andere ruhte, und man tauschte alle vier Stunden. Man hatte den Männern gesagt, der Warschauer Pakt hätte den bundesdeutschen Luftraum verletzt – eine gängige Übungspraxis. Aber diesmal, das spürten alle, war etwas anders: Man hatte sie mit scharfer Munition ausgestattet und dazu noch mit Chaparral-Flugabwehrraketen. Sie hatten zwei Raketenstellungen neben dem Bordell eingerichtet und waren per Funk mit Wachposten im Gebirge verbunden.

UFO als Kunstobjekt

## *Kaiserslauterer Fundstücke*

„Lost Place“, einer der seltenen deutschen Science-Fiction-Filme, spielt im Pfälzerwald bei Kaiserslautern. Vier Jugendliche stoßen auf eine verlassene US-amerikanische Militärbasis, in der es nicht mit rechten Dingen zugeht …

Ebenfalls nahe Kaiserslautern ist eine Kurzgeschichte in der Comic-Heft-Reihe „Horrorschocker“ angelegt: In „Im Zeppelin des Grauens“ treffen Geister-Soldaten der Wehrmacht auf einen GI der Ramstein Air Base

Um Mitternacht orderte Lieutenant Cardeni an, die 20-Millimeter-Kanonen mit Munition zu laden. Auf 350 m Höhe saß der Houstoner „Tex“ Thomas mit seiner Kanone auf der Nordseite des Bergpasses, vier Kilometer südlich saß eine weitere Vulcan-Kanone auf 280 m über dem Meer. Um 0.45 Uhr gab Lieutenant Cardeni den Befehl, alles abzuschießen, was durch den Pass flog. Man erwarte Feindkontakt.

„Um 1 Uhr Ortszeit näherte sich durch das Tal etwas dem Bergpass. Es war ein abgeflachtes Ellipsoid mit gerundeten Kanten, rund 30 Meter lang, und leuchtete silbrig. Es war rasend schnell, die Geschwindigkeit unmöglich zu schätzen, und versuchte auszuweichen, indem es im Zickzack flog.“

Bis das Radar die Flugdaten ausgewertet und die Kanone darauf ausgerichtet hatte, befand sich das UFO bereits auf Augenhöhe! Ein Soldat feuerte drei Runden zu je 110 Schuss in die Seite des fremden Raumschiffs. Die Soldaten konnten allerdings keine Explosionen erkennen, als die Geschosse auf das UFO prallten. „Es war so, als würden unsere Geschosse absorbiert oder bei der Explosion durch eine Art Kraftfeld verdampft.“ Mittlerweile nahm auch Tex von seiner höheren Position aus das Objekt unter Feuer.

Sergeant William McCracken aus Pittsburgh saß zu dieser Zeit in der Kommandostation der Luftabwehrrakete. Er konnte nichts sehen, wurde aber über Funk unterrichtet. Als das UFO auf seinem Radar auftauchte, schoss er eine Rakete ab. Sie stieg auf 270 Meter, fand das UFO, flog darauf zu und traf es mit seinem Sprengkopf mit 75 Pfund Sprengstoff.

Jetzt sahen die Soldaten an den Kanonen und die an den Raketenstellungen, wie das UFO zu

US-Anleitung für Alien-Invasion

schlingern begann und danach in einem – wie es schien kontrollierten – Sturz auf dem Talboden aufsetzte. Nun erhielten alle Einheiten urplötzlich den Befehl, nach Ramstein zurückzukehren. Auf ihrem Heimweg beobachteten sie Personal der Air Force, das anrückte, um das abgeschossene UFO zu bergen.

Major Mike Andrews von der McGuire Air Force Base, New Jersey, leitete diesen Einsatz. In Begleitung mehrerer Sonderkommandos verschiedenster US-Basen landete er am nächsten Tag um 10.30 Uhr in Ramstein. Alle zur Tatnacht anwesenden Soldaten wurden eingehend befragt, dann das abgeschossene UFO auf

die Wright Patterson Air Force Base in Ohio gebracht und von dort zur Nellis Air Force Base, Nevada.

All das wurde natürlich streng geheim gehalten – vielleicht auch nur, damit niemand herausfindet, dass die Bundesregierung Bordelle bei Landstuhl betreibt, was ein hohler Berg ist, den Hitler erbauen ließ!

(Ed Komarek: *UFO SHOT DOWN OVER GERMANY. http://ufodigest.com/article/military-interactions-extraterrestrials*)

## *Der Absturz eines „glühenden UFOs" in Weilerbach*

Gegen 23 Uhr am 30. Mai 2008 sichteten mehrere Anwohner in der Hauptstraße von Weilerbach ein glühendes Flugobjekt. Zuerst war es nur ein Lichtschein am Himmel, doch der ging bald darauf nieder. Sofort wurden Polizei und Feuerwehr verständigt, die auch am Landeort eintrafen und „Reste einer kugelähnlichen Hülle aus Stoff auf dem Dach einer Tankstelle" bergen konnten. Es dürfte sich bei dem vermeintlichen UFO „um einen kleinen unbemannten Kugelballon mit Registrierapparat gehandelt haben, der im Dienste der Meteorologie im Einsatz war und dessen Sender Messwerte zur Erde gefunkt hat. Die Augenzeugen hatten vermutlich das Verglühen des meteorologischen Instrumentes beobachtet. Die Reste des ‚Ufos' wurden in der Dunkelheit nicht gefunden", so die Polizei Westpfalz in einer Presseerklärung vom 2. Juni 2008.

## *Verschwörungen in Ramstein*

Neben dem UFO-Absturz von Roswell ist die Landung von Randlesham in England einer der von den Ufologen am höchsten bewerteten Fälle, weil beide Male Militärs involviert waren, die sich offensichtlich nie irren können. Am 26. und 28. Dezember 1980 soll in diesem englischen Forst in der Nähe des amerikanischen Luftwaffenstützpunkts Bentwaters-Woodbridge eine Untertasse gelandet sein. Sie wurde von Soldaten und später von Lieutenant Colonel Charles Iowerth Halt beobachtet. Ein Offizier, der von Ufologen gefragt wurde, gab an, Brigadier General Gordon Williams hätte ihm anvertraut, damals seien Filmaufnahmen gemacht worden – aber: „Die wurden in einen Kampfjet gelegt und nach Deutschland geflogen", nämlich nach Ramstein!

(Brenda Butler, Dot Street und Jenny Randles: *Sky Crash*. London: Grafton Books 1984, S. 363)

15.20 Staunende Mädchen vor einem Schaufenster. Szene aus dem Film ›Elsie — Der Schulweg eines Großstadtkindes‹, den H. R. Müller für seine Sendung ausgesucht hat

Ingenieur Hasso Sigbjömson (Claus Holm, links) und Astrogator Atan Shubashi (Friedrich Georg Beckhaus) sind mit einem Beiboot des Raumschiffes ›Orion‹ auf einer vorgeschobenen Außenstation gelandet. Unheimliche Stille umgibt sie

20.15

RAUMPATROUILLE

Angriff aus dem All

PERSONEN:

Cliff Allister McLane . . . Dietmar Schönherr
Tamara Jagellovsk . . . Eva Pflug
Mario de Monti . . . Wolfgang Völz
Hasso Sigbjörnson . . . Claus Holm
Atan Shubashi . . . Friedrich Georg Beckhaus
Helga Legrelle . . . Ursula Lillig
General Wamsler . . . Benno Sterzenbach
Oberst Villa . . . Friedrich Joloff
Ferner: Franz Schafheitlin, Hans Cossy, Charlotte Kerr, Lieselotte Quilling und Thomas Reiner

Oben: Oberst Villa (Friedrich Joloff), Sicherheitschef der Obersten Raumbehörde, hält alle Fäden des Geheimdienstes in der Hand

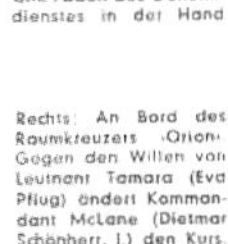

Rechts: An Bord des Raumkreuzers ›Orion‹. Gegen den Willen von Leutnant Tamara (Eva Pflug) ändert Kommandant McLane (Dietmar Schönherr, l.) den Kurs. (Rechts: Wolfgang Völz)

Mit der deutschen TV-Serie „Raumpatrouille" flogen in den 60ern UFOs in hiesigeWohnzimmer

Überhaupt sollen die Amerikaner in Ramstein jede Menge geheimer Projekte durchführen und geborgene UFOs testen.

„Experimentieren die USA in Deutschland mit geheimer Technologie? Immer wieder tauchen über der Air Base bei Kaiserslautern UFOs auf. Jetzt packen die Augenzeugen aus – obwohl sie zum Schweigen verdonnert wurden“, schrieb das Magazin *Mysteries*.

So soll in der Nacht vom 3. auf den 4. Juli 1984 ein anlässlich der Feiern zum 4. Juli beim Stützpunkt im Wohnwagen campierender Schausteller in 40 m Höhe ein riesiges Dreieck über der Basis beobachtet haben, das von kleinen Lichtern umgeben war und keine 200 m vom Rollfeld entfernt schwebte. Bei diesem Anblick standen dem Zeugen die Haare zu Berge, aber nach fünf Sekunden schoss das mysteriöse Ding blitzschnell davon.

Grumman F-14 Tomcat

Am 25. April 1987 habe sich der Militärpilot Joe M. in einem Grumman F-14 Tomcat im Landeanflug auf Ramstein befunden, als er eine große, silbrige Scheibe keine 60 m über der Luftwaffenbasis schweben sah, die sich danach in ein Dreieck mit 30 und 50 m Seitenlänge verwandelte. Auch am 11. April 1989 wollen Zeugen ein schwarzes Dreieck über Ramstein und um 1988 bei Wolfstein ein ähnliches UFO gesehen haben.

(Sven Berger: UFOs über der Air Base von Ramstein. *Mysteries,* September/Oktober 2010, S. 32–34)

Wie gut, dass sämtliche Autofahrer auf der A 6 die Augen stets auf die Fahrbahn gerichtet haben und von dem Ganzen nichts mitbekommen …

## *Kugelblitz in Ramstein*

Kugelblitze gehören zu den seltensten und auch seltsamsten Phänomenen der Natur – es ist nicht einmal geklärt, ob es sie wirklich gibt. Demzufolge gehört diese Beobachtung, die der österreichische Kugelblitzforscher

Alexander Keul von der TU Wien gesammelt hat, in ein Buch über unerklärliche Ereignisse.
Keul konnte den Zeugen bereits am Tage nach der Sichtung telefonisch befragen. Der 18-jährige Installateur Joschka U. befand sich am 29. Juni 2005 mit seiner 17-jährigen Freundin im dritten Stock eines Hauses in Ramstein-Miesenbach. Weil sich ein schweres Gewitter mit sintflutartigen Regenfällen näherte, zogen die beiden sämtliche Elektrostecker heraus.
Um 19 Uhr sah der junge Mann ein Lichtphänomen von einem Speicherfenster über sich, das nur angelehnt war, herabsteigen. Es handelte sich um ein weißes, am Rande unscharfes und irgendwie durchsichtiges Objekt mit etwa 15 bis 18 cm Durchmesser, das ein zischendes Geräusch machte. Es flog auf ihn zu, blieb aber rund zehn Zentimeter vor seinem Gesicht stehen und verharrte dort. Er nahm an, dass die beiden Goldkettchen, die er trug, es angezogen hatten. Der Zeuge verspürte Angst, weil er aber in einem Sessel saß, konnte er dem Licht nicht ausweichen. Jetzt veränderten sich Aussehen und Größe des Lichtes. Die weiße Kugel schien sich aufzublähen, bis sie einen Durchmesser von 25 cm und die Form eines Igels mit einem himmelblauen Kern und weißen Stacheln hatte. Dann schien es zu explodieren, U. sah einen hellen Blitz und hörte einen sehr lauten, „klirrenden“ Knall. Die Explosion ließ ihn zunächst taub zurück, er konnte nicht einmal sich selbst hören. Es kribbelte wie bei statischer Elektrizität, er spürte Hitze in seinem Gesicht und fand, dass ein paar Haare der Augenbrauen und seines Barts versengt waren.

(A. G. Keul: An Indoor Ball Lightning Event In Germany. *The International Journal of Meteorology*, Band 32, Ausgabe 315. Artetech Publishing Company, Januar 2007, S. 5)

Ramschde - Miesebach
(Ramstein - Miesenbach)

„Pälzer“ Ortsschild

Comic-Version des erfolgreichen UFO-Filmklassikers „Unheimliche Begegnung der Dritten Art". Nicht schön, aber mittlerweile eine Rarität bei Sammlern

## *UFOs über Kaiserslautern*

Am 22. Januar 2004 geschah über dem Stützpunkt Ramstein etwas Außergewöhnliches. Der Staff Sgt. Shawn Burke berichtet: „‚Was, um Himmels Willen, ist das?', dachte ich, als ich am 22. Januar zum Nachthimmel

blickte. Ich kam um 21 Uhr gerade aus dem Haus, um mit den Hunden Gassi zu gehen und sah instinktiv zum Himmel hoch (Ich bin Wettervorhersager.). Ich sah eine Reihe von sieben Lichtern direkt über mir, die weiß glühten, heller noch als die sie umgebenden Sternzeichen. Zuerst dachte ich, es handle sich um eine seltene Erscheinung im Weltraum oder die Planeten seien in einem interessanten Muster angeordnet. Es erinnerte mich an den Bibelvers Offenbarung 2:1 – ‚Dem Engel der Gemeinde zu Ephesus schreibe: Das sagt, der da hält die sieben Sterne in seiner Rechten, der da wandelt mitten unter den sieben goldenen Leuchtern.'

Ich arbeite seit 14 Jahren als Wettervorhersager und bin seit fast vier Jahren in Ramstein stationiert. Ich habe während dieser ganzen Zeit jeden Tag den Himmel betrachtet – und trotz allem habe ich noch nie zuvor etwas so Verblüffendes gesehen. Der Kommandostand berichtete, es seien mehrere Anrufe eingegangen, man wüsste aber selbst nicht, was es sei. Die Fluglotsen von Ramstein erklärten, auf dem Radar sei nichts zu sehen gewesen."

Die holländische Forschergruppe Caelestia nahm sich des Falles an und fand heraus, dass es sich um sogenannte Lichtsäulen handelte, dass also Eiskristalle in der Luft die Lichter der Landebahnen reflektiert hatten.

(*Jufof* 188, 2/2010, S. 41–53)

Zufahrt zur Air Base Ramstein

# Pirmasens und Südwestpfalz

## *Die Weiße Frau von Burg Berwartstein*

Anfang des 17. Jahrhunderts zerstörten die Franzosen Burg Berwartstein. „Die junge Verwaltersfrau mit dem Kinde kam in den Flammen um und irrt seitdem als ‚Weiße Frau' nachts durch die Räume der Burg. Der Verwalter wurde vor dem Burgtor

Burg Berwartstein

erschlagen, als er in den Felsengängen Zuflucht suchen wollte. Im Jahre 1910 fand man dort ein vornübergestürztes Skelett in geringer Tiefe unter dem Erdboden, vermutlich das seinige."

(Dr. Eva v. Baginski: *Die Burg Berwartstein in der Rheinpfalz*. Selbstverlag der Verfasserin: Bergzabern o. J. ca. 1940, S. 15)

## *Drachen an der französischen Grenze*

Die folgende Meldung wird zwar nicht als Augenzeugenbericht deklariert, klingt aber trotzdem anders als die wie Augenzeugenberichte festgehaltenen Geschichten über Riesenschlangen bei Nothweiler oder Wörth, die allgemein den herkömmlichen Erzähltraditionen folgen:

„Eine ganz abweichende Darstellung unserer Erscheinung [es geht um Irrlichter und die Gespenster, die sie verursachen], die wir oben als Flämmchen kennen lernten, die auf jeden Fall immer in ihren Ausmaßen als klein dargestellt wurde, kommt aus Ludwigswinkel an der Südgrenze der Pfalz: dort erzählt man vom ‚feurigen

Drachen‘, der in der Luft schwebt, über Berg und Tal geht und den Wanderer erschreckt; er ist 4 bis 5 Meter lang und wie ein Wiesbaum (Heubaum) gestaltet.“

(*Oberdeutsche Zeitschrift für Volkskunde*, Bände 10–12. Verlag Konkordia, 1936, S. 171)

## *Schwarze Hunde*

Was in der Pfalz das „Muhkalb“, sind fast im ganzen übrigen Europa die „schwarzen Hunde

mit den rotglühenden Augen“. Schon Goethe schilderte im *Faust* den Teufel als schwarzen Pudel verkleidet. In Großbritannien werden nach wie vor Begegnungen mit dem Gespenst des schwarzen Hundes gemeldet, auch aus dem Rheinland liegen moderne Zeugenaussagen vor. In der Pfalz allerdings gibt es nur vage und allgemeine Angaben, so spuken die Geisterhunde bei Pirmasens, Erlenbach, Kleinsteinhausen, Kindsbach und Oggersheim.

(Helmut Seebach: *Sagen in der Pfalz. Geister, Hexen, Teufel.* Bachstelz-Verlag 1996, S. 145)

Auf Schloss Scharfeneck bei Ramberg hockt „der Hund mit feurigen Augen und Feueratem auf der schwarzen Kiste“ und hütet einen Goldschatz.

(*Oberdeutsche Zeitschrift für Volkskunde*, Bände 10–12, Verlag Konkordia, 1936, S. 171)

## *Der Teufel besucht Pirmasens*

Der evangelische Theologe und Publizist Kurt E. Koch (* 16. November 1913, † 25. Januar 1987) wurde vor allem durch seine evangelikalen Schriften zum Okkultismus bekannt. Koch glaubte an Besessenheit, Zauberei und daran, dass auf der Erde ein Kampf zwischen bösen (dem Teufel) und guten (Gott)

Mächten tobte, und betrachtete Erscheinungen von UFOs oder Poltergeistern als Beispiele dafür, wie Satan Menschen narrt und irreführt. Er wurde oft von Menschen um Hilfe gerufen, die sich von bösen Mächten verfolgt fühlten. In seinem Buch *Okkultes ABC* werden unter anderem die Bahai, der Feminismus, die Friedensbewegung, Vegetarismus, Yoga und Tai Chi als Teufelswerk verdammt.

Einmal – es handelt sich um Beispiel 297 für teuflische Einflussnahme – wurde Koch auch zu einem Dorf in der Nähe von Pirmasens gerufen, um dem Besitzer eines Bauernhofs zu helfen. Da die erste Auflage des Buchs 1981 erschien, muss es vor diesem Jahr gewesen sein. Sowohl im Wohnhaus wie in der Scheune fielen heiße Steine von der Decke, ein weltweit oft berichtetes Poltergeistphänomen. Koch war verhindert, gibt aber an, ein paar Tage später habe die Tageszeitung gemeldet, dass die heißen Steine den Bauernhof in Brand gesetzt hatten.

(Kurt E. Koch: *Okkultes ABC: Ergänzungsband zum Buch „Seelsorge und Okkultismus“.* Bibel- und Schriftenmission Dr. Kurt E. Koch, 4. Aufl. 1996, S. 529; *http://www.schriftenmission.de/fileadmin/usergroups/redakteur/ebooks/101/Spuk%20Poltergeister.pdf*)

## *Das Blutwunder von Rodalben*

Die 25-jährige Anneliese Wafzig schaut ab 1952 an einer bestimmten Stelle im Wald von Rodalben oftmals die Maria, die sie und alle Menschen zum Rosenkranzgebet, zur Sühne und zum persönlichen Gebet für die Rettung der Völker aufruft.

Das größte Wunder ereignet sich am Fest des Kostbaren Blutes, am 1. Juli 1952, als in Anwesenheit von 60 Augenzeugen auf einem weißen Leinentuch zuerst eine Vision eines Kelches, eines Herzens und einer Hostie erscheint, die sich dann in rinnendem Blut nachbildet.

P. Gebhard Heyder OCD aus Regensburg schreibt in seinem

Büchlein über die Erscheinungen, *Zeichen Gottes*:

„Um 0.40 Uhr erschien die Muttergottes und verlangte das Tuch. Sie küsste es und gab es dem Mädchen zurück. Dieses schaute nun uber der heiligen Hostie den gekreuzigten Heiland. Da sagte die Muttergottes zu ihr: ‚Nimm das Tuch und fange das Blut auf, das aus dem Herzen meines Sohnes quillt!' Die Seherin stand auf und hielt das Tuch mit beiden flachen Händen auf etwas den Anwesenden Unsichtbares hin. Dabei konnte man sehen, wie sich in der Mitte des gefalteten Tuches ein großer dunkler Fleck bildete (das Herz). Dann kniete sie wieder nieder und bewegte das immer noch zusammengefaltete Tuch am Rand des Hausaltärchens, wo die heilige Hostie lag, hin und her. Dabei konnte man sehen, wie sich auf der Innenseite des Tuches ein längerer, etwa fingerdicker Streifen ergoss. Hierauf gab die Seherin das Tuch dem neben ihr knienden Priester. Dieser entfaltete es und zeigte es den Anwesenden.

Die heiligen Zeichen waren noch feucht und gaben einen süßlichen Blutgeruch von sich. Die Konturen an den Rändern bildeten sich noch bis in die Morgenstunde hinein fein aus, zum Teil in dornenartigen Spitzen."

Die Universität Bonn soll das Tuch untersucht und den roten Stoff, aus dem die Zeichnung besteht, in einem Gutachten als menschliches Blut identifiziert haben: „Vorhandensein von Menscheneiweiß, mit hoher Wahrscheinlichkeit von Blut. Entweder Blutgruppe 0 oder keine Blutgruppensubstanz."

Von der Kirche sind die Erscheinungen und das Bluttuch von Rodalben nicht anerkannt.

(Gottfried Hierzenberger / Otto Nedomansky: *Erscheinungen und Botschaften der Gottesmutter Maria.* Augsburg: Pattloch 1993, S. 381; wissenschaftlich: Monique Scheer: *Rosenkranz und Kriegsvisionen: Marienerscheinungskulte im 20. Jahrhundert.* Tübinger Vereinigung für Volkskunde 2006, S. 169 ff.)

## *Die Muttergottes in Fehrbach*

Die zwölfjährige Senta Roos (geb. 1937) schaut – nachdem ihr Maria am 12. Mai 1949 an einem Felsen in einem Waldstück im Pirmasenser Stadtteil Fehrbach zum ersten Mal erschienen ist – bis zum 10. Mai 1952 alle vierzehn Tage und insgesamt 53 Mal die Muttergottes. Maria trägt ein langes, gerafftes Kleid, eine goldene Krone und hält einen weißgelben Rosenkranz.
Aus ganz Deutschland strömen fromme und schaulustige Menschen herbei, es kommen eigens Busse angefahren, und Tausende sind anwesend, wenn das Mädchen seine Erscheinungen erlebt. Manchmal sind bei den Visionen andere Seherinnen dabei, die ebenso wie einige der anwesenden Zuschauer die Muttergottes erkennen können.
Maria bittet die Menschen, für die Bekehrung der Sünder zu beten, nennt sich selbst am 26. Januar 1950 die „Mutter der Bekehrung der Sünder". Als diese Mutter im Mai 1952 zum letzten Mal erscheint, kündigt sie an:

Deutsches Original-Filmplakat

„Etwas Schweres wird kommen!" Von der Kirche werden die Erscheinungen von Fehrbach nicht anerkannt, das Mädchen hatte vor ihrer ersten Vision den Film „Das Lied von Bernadette" gesehen.

(Gottfried Hierzenberger / Otto Nedomansky: *Erscheinungen und Botschaften der Gottesmutter Maria.* Augsburg: Pattloch 1993, S. 365 sowie Monique Scheer: *Rosenkranz und Kriegsvisionen: Marienerscheinungskulte im 20. Jahrhundert.* Tübinger Vereinigung für Volkskunde 2006, S. 169 ff., 193 ff.)

## *Getreideregen und Engelshaar*

Manchmal fallen Dinge vom Himmel, die weder Regen noch Hagel sind …
Einen der frühesten Pfälzer Berichte verdanken wir Conrad Lycosthenes (eigentlich Conrad Wolffhart), 1518 im Elsass geboren und 1561 in Basel gestorben. Dieser Gelehrte sammelte aus alten Chroniken und klassischen Büchern Berichte über Vorzeichen und seltsame Himmelserscheinungen. Seine große Sammlung wurde 1557 veröffentlicht. Darin finden wir auch einen Bericht aus der Pfalz.
Anno 828: „Im Wasgau fällt eine getreideähnliche Masse vom Himmel."

(*http://test1.tornadoliste.de/rp* nach: Dr. R. Hennig: *Katalog bemerkenswerter Witterungsereignisse.* Berlin 1904)

In modernen UFO-Erzählungen ist immer wieder die Rede davon, die Untertasse habe dünne Fäden wie Spinnweben regnen lassen, das sogenannte Engelshaar. Am 17. Oktober 1996 fielen eigenartige dünne Fäden auf ein Waldstück bei Waldfischbach-Burgalben und bei Trippstadt. Schnell munkelte man von geheimen Manövern der Amerikaner, aber ein Mann rief anonym bei der Zeitung *Die Rheinpfalz* an und meinte, er habe gesehen, dass diese Schnüre von einem norwegischen Flugzeug gefallen seien.

Typisches Grusel-Plakat, das die Ängste der Menschen gut zu vermarkten weiß

Ein paar Tage später wurde das von einem Sprecher des Verteidigungsministeriums bestätigt. Es habe sich bei dem „Glasfaserregen" um metallbedampftes, sogenanntes Düppel-Täuschmaterial für die Radarabwehr gehandelt.

(*Die Rheinpfalz*, 23. Oktober 1996)

## *Kalter Schauer in Neudahn*

Peter Kauert, der in der Pfalz Fotos von Sagen-Schauplätzen macht, erzählt von einem unheimlichen Erlebnis in der Burgruine Neudahn:
„Es war ein herrlicher, sonniger Frühlingstag mitten in der Woche, als wir die Burganlage aufsuchten. Völlig allein, nur umschwirrt vom Zirpen der Grillen, war die Szenerie fast schon unwirklich, nicht irdisch. Als ich über den Treppenturm das Innere der Burg betrat, folgte mir mein Hund Sam, blieb aber an der Schwelle wie angewurzelt stehen und war trotz gutem Zureden nicht dazu zu bewegen, mit mir weiterzugehen. Normal begleitet mich Sam bei den unmöglichsten Klettereien wie ein Schatten, aber diesmal war nichts zu machen. So ging ich alleine weiter und fragte mich recht schnell, ob unser Hund einfach nicht mit der unheimlichen Atmosphäre in dem Gemäuer klarkam. Das Zirpen war schlagartig nicht mehr zu hören, eine beklemmende Stille. Zudem sank die Temperatur um mehrere Grad, als würde sich ein Korridor in die Geisterwelt öffnen. Damit nicht genug, hatte ich meine Taschenlampe im Auto vergessen und befand mich beim Weg auf der Wendeltreppe in völliger Dunkelheit, musste mich nach oben tasten."
(Persönliche Mitteilung, 21. August 2015)

Burgruine Neudahn

### *Der Herr der Fliegen*

Eine rätselhafte Fliegenplage suchte im Spätsommer 2016 die Kirche von Reifenberg heim. Tausende Fliegen besetzten das Gotteshaus. Die Fliegen waren so zahlreich, dass selbst der Gottesdienst ins Pfarrheim verlegt werden musste, weil sich die Viecher in den Haaren der Leute verfingen. Eingedrungen waren sie wohl durch die wegen der Hitze gekippten Fenster.

„Draußen war es den Fliegen wohl zu heiß und trocken", meinte der 69-jährige Toni Hüther, der sich ehrenamtlich um die Kirche kümmert. In der Kirche sei es kühler und feuchter als im Freien. Hüthers Theorie wurde von dem Insektenbekämpfer Jürgen Vettel aus Ludwigshafen geteilt: „Die müssen da hitzebedingt reingeflogen sein."
Ob sie auch ihre Eier dort ablegen würden, konnte Vettel nicht sagen, denn das geschehe normalerweise in Aas. Das könne man aber in diesem Fall ausschließen: „Dann hätte man zuerst einen Madenbefall in der Kirche gehabt, und das hätte man auch gerochen."
Die Fliegen jedenfalls fühlten sich wohl in Reifenberg. Ein Brummen erfüllte das Gebäude. „So laut war es die letzten Tage nicht mehr", erklärte Toni Hüther der Presse und deutete auf die mit schwarzen Punkten bedeckten Rohre an der Decke. „Ich habe es schon mit einem Besen versucht, ein paar tote Fliegen sind runtergefallen, aber der Rest ist einfach weggeflogen."

(Die Welt, 22. September 2016)

## Zweibrücken

### *Der schreiende Stein*

„Zu Zweibrücken hörte man im Jahre 1597 ‚einen Stein in der Stadt rufen, nach solchem Rufen starben in fünf Tagen jählings 900 Menschen'."

(Johannes Janssen: *Geschichte des deutschen Volkes seit dem Ausgang des Mittelalters.* Freiburg: Herder'sche Verlagshandlung 1892, S. 420)

Schloss Zweibrücken

## *Sumpfgeister bei Zweibrücken*

„Bei der Belagerung Zweibrückens im Jahre 1635 wurde ein versprengter Reiter durch das sumpfige Wiesenthal (zwischen Kirrberg und der sog. Karlslust) verfolgt. Beinahe eingeholt erblickt er auf einmal drei weiße Gestalten, welche ihm winken. Dort angekommen versanken Roß und Reiter im Sumpfe: die Stelle heißt der ,Reiterbrunnen.'"

(*Bavaria. Landes- und Volkskunde des Königreichs Bayern bearb. von einem Kreise bayerischer Gelehrter*, 4. Band. München: J. G. Cotta'sche Buchhandlung 1867, S. 337)

„Weiße Gestalten, Nixen, die ihm gewinkt haben, sieht man der Sage nach öfters noch jetzt dort", weiß August Becker 1858 in „Die Pfalz und die Pfälzer" (S. 679) zu berichten.

## *Spuk in der Kaserne*

In den Sechzigerjahren waren Kanadier in der Zweibrücken Air Base stationiert. Im Laufe der Betankung eines Jets fing das Flugzeug im Hangar Tab-V Feuer, alle Soldaten in dem Hangar starben bei der Explosion.

Jahre später, nachdem die Amerikaner die Basis übernommen

„Buck Danny" – ein bis heute beliebter Comic aus dem Flieger-Milieu hatten, fanden sie schnell, dass es im Hangar Tab-V immer kälter war als draußen, auch spielten elektrische Geräte darin und davor verrückt. Die elektrischen Dash-60-Geräte, mit denen man Jets während der Wartung Strom zuführt, gingen auf geheimnisvolle Weise an oder schalteten sich ab. Schließlich gab die U.S. Air Force entnervt auf und nutzte den Hangar ab 1988 nicht mehr. Die Basis wurde 1991 wieder an die Deutschen verkauft – ob es dort heute noch spukt, ist nicht bekannt.

(Internet-Seite *http://www.theshadowlands.net/places/germany.htm*)

### *Eisbombe in Bechhofen*

Von taubeneiergroßen Hagelkörnern hört man ab und zu – was aber, wenn plötzlich ein faustgroßes Eisstück vom Himmel fällt? Am 28. Januar 2000 krachte ein Eisklumpen von der doppelten Größe eines Tennisballs in Bechhofen vom Himmel. Ein Mann fand dort am Nachmittag auf seiner Treppe den rund 15 cm langen und 10 cm breiten, bräunli-

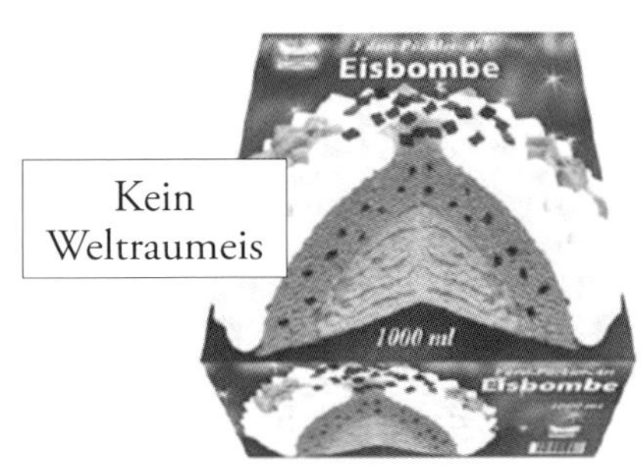

Kein Weltraumeis

chen und nach „altem Eisen" riechenden, kalten Brocken. Sein Nachbar hatte bereits am Morgen mehrere klare Stücke Eis in seinem Garten entdeckt. Solche „Eismeteoriten" oder „Kryometeoriten" sind ein großes Rätsel für die Wissenschaft, und die Deutung geht von atmosphärischem bis zu Weltraumeis, von Eis von Flugzeugen bis hin zu Schwindeln.

(*Die Rheinpfalz*, 3. Februar 2000)

# Kusel

### *Das Marienwunder von Kusel*

Um 1220 fielen die Ritter Sybodo und sein Bruder Baldemar, beide dem Pfalzgrafen bei Rhein untertan, in Kusel ein, um die Stadt zu plündern. Am Vorabend der Schlacht erschien einem von Sybodos Rittern die Jungfrau Maria und klagte über das Vorhaben. Denn schließlich war der nächste Tag ein Sonntag, an dem das Fest der Geburt der Heiligen Jungfrau begangen wurde, und zudem Kirchweih in Kusel. Der Ritter eilte zu Sybodo, um ihn zu warnen, der aber verlachte ihn nur. Am nächsten Tag plünderte und mordete die finstere Schar dann in Kusel.

Nun kam nach langer Abwesenheit der Graf Walram von Luxemburg, dem Kusel gehörte, in das Dorf. Er hörte dort viel Klagen

Grabplatte von Walram III. von Limburg (1160–1226), seit 1214 Graf von Luxemburg

und Jammern, und nachdem er den Sonntag betend verbracht hatte, zog er am Montag dem Sybodo entgegen. Als dieser jedoch fliehen wollte, da merkte er, dass er wie angewurzelt war und keinen Schritt gehen konnte. Er wurde mitsamt seinem Bruder gefangen gesetzt und erschlagen. So strafte die Gottesmutter jene, die sich ihren Bitten widersetzten.

Aufgezeichnet hat dieses Wunder der Mönch Caesarius von Heisterbach um das Jahr 1220 in seinem Buch „Dialogus Magnus Visionum Atque Miaculorum", dem großen Dialog von den Gesichten und Wundern.

(Helmut Herles, Hrsg.: *Von Geheimnissen und Wundern des Caesarius von Heisterbach.* Bonn: Bouvier 1990, S. 198f.)

## *Ein Gespenst beim Finkenhof*

In der Pfalz fürchtete man früher das „Muhkalb", ein Untier von Kalbsgröße mit feurig glühenden Augen, das Wanderer in der Nacht erschreckte. Einmal soll es bei Gimsbach erschienen sein, dann begegnete ein gewisser

Moser dem Tiergespenst, das dieses Mal gar keines war. Er erzählt: „Ich und mein Freund B. waren bereits Burschen, die schon abends den Mädchen nachgingen. Nun waren wir einmal lang auf dem Finkenhof.

Auf dem Heimweg hörten wir plötzlich eine Kette rappeln. Es

kam etwas auf uns zu und mit dem Schrei: ‚'s Muhkalb!', floh mein Kamerad B. den Berg hinauf und drüben hinunter, bis er daheim war. Alles Rufen konnte ihn nicht zum Stehen bringen. Ich war nicht so schreckhaft, glaubte auch damals schon nicht an die Gespenster und Hexen und so ließ ich auch das ‚Muhkalb' näher kommen und erkannte den großen Hund eines Carlsberger Bürgers, der sich mit der Kette losgerissen hatte."

(Helmut Seebach: *Sagen in der Pfalz. Geister, Hexen, Teufel.* Bachstelz-Verlag 1996, S. 280)

So lustig heute „Muhkalb" für uns klingt, so gefürchtet war dieses Gespenst. Den Namen kannte man in der gesamten Region, selbst im kurpfälzischen Heidelberg. Auch dort hatte ein solcher Spuk keine übernatürliche Ursache. Liselotte von der Pfalz schreibt am 22. Februar 1721 aus Paris an Luise Raugräfin zu Pfalz: „Zu Heidelberg, ehe Ihr geboren, wurd ein groß Geschrei von

Liselotte von der Pfalz

einem Gespenst, so alle Nacht mit feuerigen Augen und großem Geplärr durch die Kettengass ging. I. G. [Ihro Gnaden] der Kurfürst, unser Herr Vater, ließ dem Gespenst aufpassen und fangen. Da ertappte man drei oder vier Studenten, so Franzosen waren. Einer, so Beauregard hieß und des General Balthasars Schwager war, der war das Kalb, und die andern da, ich glaube, Mons. Dangeaus Bruder, Coursillon, so jetzt Abbé ist, halfen zu der Musik. Wenn man die Gespenster genau examiniert, kommt als so was heraus."

## *Kein kalter Gruß von oben*

Zahlreiche Anwohner von Bosenbach fanden Ende Januar 2000 mehrere kristallklare Eisstücke auf der Straße. Damals waren die Zeitungen voll von Berichten über Eismeteoriten, die auf Italien und Spanien krachten – aber in Bosenbach gab es eine ganz einfache Lösung des Rätsels: Jugendliche hatten oberhalb des Dorfes an einem Bach schöne Eisblumen entdeckt, einen Klumpen herausgeschlagen und mit ins Dorf geschleppt.

(*Die Rheinpfalz*, 3. Februar 2000)

So schlimm hat es die Pfalz noch nicht erwischt …

# Bildnachweis

Seite 1: Archiv
Seite 2: Susanne Noll
Seite 3: Archiv
Seite 4: Verlag Romantruhe
Seite 5: Archiv
Seite 6: Archiv
Seite 7: AGIRO Verlag
Seite 8: Europa
Seite 9: Steffen Boiselle
Seite 10: Peter Kauert
Seite 12 + 13: Steffen Boiselle
Seite 14: Zweitausendeins Verlag, Fortean Times, Filmplakat
Seite 15: Dark Horse
Seite 16: Archiv
Seite 17: Gesell. z. Erforschung des UFO-Phänomens e.V., Lüdenscheid
Seite 18: Mary Byfield
Seite 19: PVA
Seite 20: Arbogast Verlag
Seite 21: AGIRO Verlag
Seite 22: Peter Kauert
Seite 23: Arbogast Verlag
Seite 24 + 26: Wikipedia Commons
Seite 27: Peter Kauert
Seite 28: Peter Kauert
Seite 29: United Artist Television, Archiv
Seite 30: Archiv
Seite 31: E-M-S
Seite 32: Peter Kauert
Seite 33: Carlsen Verlag
Seite 34: Epix
Seite 35: Peter Kauert
Seite 36 + 37 + 38: Archiv
Seite 39: Warner Home Video
Seite 40: Lego
Seite 42: Steffen Boiselle
Seite 43: Titan Verlag
Seite 44: Archiv
Seite 45: Steffen Boiselle
Seite 46: Artisan
Seite 48: Steffen Boiselle
Seite 49: Archiv
Seite 50: Carlsen Verlag
Seite 51: Archiv
Seite 52: Steffen Boiselle
Seite 53: Geistkirch Verlag
Seite 54 + 55: Archiv
Seite 56: Peter Kauert
Seite 58: Wikipedia Commons
Seite 59: Hammer-Studios
Seite 60: Archiv, Peter Kauert
Seite 61: Metro-Goldwyn-Mayer
Seite 62 + 63: Wikipedia Commons
Seite 65 + 66: Peter Kauert
Seite 67: Archiv
Seite 68: Spiegel Verlag
Seite 69: Peter Kauert
Seite 70 + 71: Archiv
Seite 74 + 75: Gesell. z. Erforschung d. UFO-Phänomens e.V., Lüdenscheid
Seite 76: Peter Kauert
Seite 77 + 78: Wikipedia Commons
Seite 79: Peter Kauert
Seite 80 + 81 + 82 + 83: Archiv
Seite 84: Warner Home, Weissblech
Seite 85 + 86 + 87 + 88 + 89: Archiv, AGIRO
Seite 90: Marvel Verlag
Seite 91: Steffen Boiselle, Peter Kauert
Seite 92: Peter Kauert
Seite 93 + 94 + 95: Archiv
Seite 96: 20th Century Fox
Seite 97: Archiv
Seite 98: Peter Kauert
Seite 99: Fischer Verlag
Seite 100: Peter Kauert, Salleck Verlag
Seite 101: Archiv
Seite 102: Wikipedia Commons
Seite 103: Steffen Boiselle, Archiv
Seite 104: Tiberius Film
Seite 105: Archiv
Seite 106: Archiv

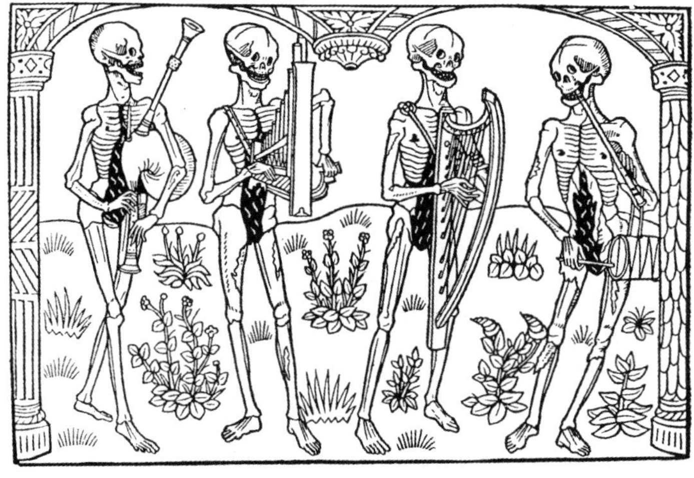

## ***Von Ulrich Magin sind erschienen:***

*Magischer Mittelrhein: Mystische Orte und unheimliche Ereignisse am Rhein zwischen Mainz und Köln.* Regionalia
ISBN 978-3-955401-66-5

*Geheimnisse des Saarlandes: Geister – Wunder – Hinkelsteine. Über Unerklärliches und Unheimliches an der Saar.* Geistkirch
ISBN 978-3-946036-53-1

*Skurriles aus der Pfalz: Von A wie Albsheim bis Z wie Zweibrücken.* Agiro
ISBN 978-3-939233-50-3

*Sagen und Legenden aus der Pfalz.* Regionalia
ISBN 978-3-955401-7

*100% PÄLZER! Sonderausgabe: SUPER-TRUMPEL.* Agiro
ISBN 978-3-939233-82-4

*Die Seeschlange vom Comer See.* Twilight-Line
ISBN 978-3-941122031

*Das kleine PFALZ-LEXIKON.* Agiro
ISBN 978-3-939233-39-8

# Sagen und Geistergeschichten aus Bad Dürkheim

**Von**
**Viktor Carl**

Wo es
geistert und raunt
in Bad Dürkheim

Softcover, DIN A5, 96 Seiten
ISBN 978-3-939233-61-9
EUR 9,95

# PFÄLZER WEINBUCH

**PFÄLZER WEINBUCH**
Von Wulf Werbelow
mit Illustrationen
von Steffen Boiselle

Hardcover, 20,5 x 12,1 cm
214 Seiten in Farbe
ISBN 978-3-939233-70-1
**14.90 €**

Viele klingen seltsam, manche geheimnisvoll, manche lustig: Meerspinne, Ungeheuer, Eselshaut, Musikantenbuckel … Woher kommen die Namen unserer Pfälzer Weine, wovon, von wem stammen sie ab? Wulf Werbelow beantwortet nicht nur diese Fragen, er liefert auch viele spannende Informationen über alles, was mit dem funkelnden Rebensaft zu tun hat.

AGIRO

Boiselle & Ellert
Sauterstraße 36
67433 Neustadt an der Weinstraße
Fon: 06321 489343
www.facebook.com/agiroverlag
Instagram: agiro_vcrlag
www.agiro.de